海の道

――瀬戸内海――

杉原耕治

溪水社

『海の道――瀬戸内海――』刊行に至る経緯

福山市立大学　教授　田渕　五十生

はじめに

本書は杉原耕治氏の『忘れられた街道をたずねて――福山歴史文学紀行――』（現代教育研究所　二〇〇七）、『文学歴史紀行・銀の道ものがたり――石見銀山から尾道へ――』（山陰中央新報社　二〇一二）に続く「道シリーズ三部作」の最終巻で、〝未完〟の〝遺作〟である。杉原さんは本書の最終章執筆直前に医師から余命一ヶ月と宣告され、二〇一四年九月二二日、不帰の旅に立った。

その後、周囲からの「地域の優れた文化人の珠玉のエッセイを散逸させるべきではない！」という要望もあり、「未完のままでも刊行しよう！」ということになった。そこで、中国地方で最も著名な溪水社にお願いしたところ、原稿を精読された畏友木村逸司社長から

「ぜひ、出版したい」との快諾を得て、刊行に至った。

本書の原稿は備後地域の「大陽新聞」（二〇一一年十二月から二〇一四年八月まで）に隔週で掲載されたものであり、読者の記憶を斟酌しての重複部分が多かった。このようなすっきりした形でお届けできるのは、杉原さんの同僚であった杉川美幸さんの丁寧な削除作業のおかげである。

本書の底本：『万葉集』と遣新羅使

本書は『万葉集』（二〇巻）に詠まれた遣新羅使船へ乗船した人々の歌を底本にしている。遣唐使は学校の歴史や国語の授業でよく知られているが、遣新羅使についてはほとんどなじみがない。しかし、遣唐使派遣回数一五回に対して遣新羅使派遣は二五回（二八回説もある）と非常に多い。さらに、その目的も違っていた。万葉学研究の第一人者中西進氏が指摘するように、遣新羅使の使命は、超大国「唐」の脅威にどう対処するか、「統一新羅」との情報交換が目的であり、日本と新羅の〝誼《よしみ》〟を通じようとするものであった。いわば古代の「朝鮮通信使」である。

新興貴族藤原氏の台頭で疎外されつつあった名門貴族の末裔大伴家持が、あえて遣新羅使の歌一五四首を「巻一五」という一巻に独立させた背後には、対外強硬策をとる藤原氏に対するクールな視点があったと思われる。急速に実権を握った藤原仲麻呂（恵美押勝）は、旧「高句麗」の「渤海」と結んで「統一新羅」を挟撃しようと軍船約四〇〇隻、兵三万を準備していたという。幸いにも孝謙天皇による七六一年「恵美押勝の乱」平定により、この無謀な対外戦争は頓挫した。もし実行されていれば、「白村江の惨敗」の悲劇が繰り返されたことだろう。

したがって、大伴家持には遣新羅使＝〝平和の使い〟という思いが強かったであろう。杉原さんもその意図を汲み取り、『万葉集』の「巻一五」を底本にして遣新羅使の足跡を丁寧に辿っている。潮待ちをした港で潮の香を嗅ぎながら、風待ちをした島の浦々を訪れ、潮騒を聞きながら古老たちから様々な事実を聞き取っている。それらの興味深い逸話が本書の骨格となっている。そして、最後に壱岐と対馬に取材の足を延ばした時には、杉原さんの身体はすでに癌細胞が跳梁するところとなっていた。

本書の意義

私は前著『銀の道』の推薦文を依頼された時、国木田独歩の『武蔵野』から引用して、

「『ああ、私は、一生驚いていたい！』というような知的好奇心と私たちの故郷をよく知ってもらいたいという愛郷心から生まれたものだ」と書いた。

本書には、杉原さんの膨大かつ該博な歴史への造詣の深さと格調高い文学的な表現力、いわば歴史と文学が渾然一体となって溢れ出ている。歴史について言えば、平清盛や足利尊氏など、瀬戸内海と関わった人物と中央の歴史が結び付けられていて、驚くことしきりである。さらに注目すべきは、名もなき漁村の人々がどのように生業を営み、進取の気迫で外洋に生活の糧を求めて行ったかが活写されていることである。文学について言えば、瀬戸内海沿岸の人々の哀歓が詩情豊かに描かれている。まさに瀬戸内海の歴史を縦糸に、人々への豊かな共感性や古典への造詣を横糸として、立体性のある織物〝綾〟になっている。

残念ながら、本書は杉原さんの「挽歌」となってしまった。けれども、「挽歌＝木挽き歌」に留めてはならないだろう。本書には瀬戸内圏に住む人々に対する「瀬戸内海の持つ豊饒さに気付いて、美しい景観を次世代に遺して欲しい」というメッセージが込められている。

国木田独歩の『武蔵野』の一節を現代風に言えば、「瀬戸内の海岸をドライブする者は、道に迷うことを怖れてはならない。潮風のおもむくまま、どの道にハンドルを切って進もうとも、そこには、観るべき、聴くべき、感ずべき、獲物がある」と。

「海の道―瀬戸内海―」もくじ

Ⅲ　潮待ちの港・鞆の浦……121

『海の道——瀬戸内海——』

序――瀬戸内海と地中海

石見銀山から、山を越え、川を渡り、銀の隊列が目指したのは瀬戸内の尾道や笠岡の港であった。港は〝陸の道〟と〝海の道〟を繋ぐ結節点であり、瀬戸内海という〝海の道〟の宿駅でもあった。

古より人は、舟を利用して海や川を行く方が、歩いて陸の道を行くより、はるかに楽であることを知っていた。銀山街道の三次や浜原・粕淵（美郷町）は、川舟の交通の拠点であった。江の川の流れは、江戸時代から近代にかけて交通の大動脈で、白い帆を掛けた多くの川舟が行き交っていた。江の川には、三次から河口の江津までの間に、約三〇の湊があった。江の川の支流である馬洗川や西城川、可愛川にも多くの舟が往来していた。江の川だけではなく、中国地方のそして日本中の河川は、昔から交通の動脈であった。たとえば比婆・東城地方の人は、上方に行く時は、東城から高瀬舟で岡山県の成羽川、高梁川を下り、玉島に出て、瀬戸内海を経由して大坂へ向かっていた。水量の豊かな岡山県の三大河川、高梁川、旭川、吉井川は大切な水の道であった。山陰側の大名の初期の参勤交代は、陸路で津山まで来て、ここからは吉井川の高瀬舟で和気まで下り、そこから山陽道を東上していった。高瀬舟一艘の運送力は、馬五〇頭に相当するといわれていた。

〝水の道〟を利用した面白いエピソードを一つ紹介しよう。岡山県の北部、かつての美作国の中心は津山市である。江戸のはじめ、美作一八万六五〇〇石を与えられた森忠政は、ここ津山に巨大な石垣と多くの櫓を持つ立派な城を築いた。ちなみに森忠政は、本能寺の変で信長とともに討死した、森蘭丸の弟である。彼は城を守るために、傍を流れる吉井川を堀のように利用した。

津山城（別名・鶴山城）の最高の櫓である粟積櫓《あわづみやぐら》の用材は、領内最北端の蒜山の麓に位置する川上村（真庭市）の粟積山から切り出したもので、旭川を利用して瀬戸内海の児島湾まで流し出し、今度は吉井川を遡って津山まで運ばれたものである。

〝水の道〟を利用した、先人達のスケールの大きい発想に驚嘆する。

古より私達に、塩をはじめとする多くの海の幸を与え続けてくれた瀬戸内海は、また〝海の道〟でもあった。

瀬戸内海は、本州と四国と九州に囲まれ、紀伊水道、豊後水道、関門海峡で外海に接する閉鎖的な海域である。瀬戸内海の〝せと〟とは、〝狭門《せと》〟〝迫門《せと》〟という意味で、海峡を

海の駅尾道、水の道尾道水道（向島から見る千光寺山）

表す言葉である。だから瀬戸内海は、海峡の内側の海であることを示している。

〝瀬戸《せと》〟や〝内海《うちうみ》〟は、古来からあった言葉であるが、〝瀬戸内海〟という言葉は、欧米人が使っていたThe Inland Seaを、明治のはじめ日本人が翻訳してから使うようになった、比較的新しい言葉である。またその有り様が地中海とよく似ているので、欧米人からはJapanese Mediterranean Seaとも呼ばれていた。私達の住む瀬戸内海地方の温暖な気候を、学校の社会科で地中海性気候と呼ぶ位だから、瀬戸内海と地中海はよく似ていると思われている。だが、実際にはこの二つの海は、違うところの方が圧倒的に多い。まず形態だが、瀬戸内海は東西約四五〇キロ、南北約一五キロ〜五五キロで、深さが平均水深三八メートルなのに対して、地中海は東西三五〇〇キロ、南北一七〇〇キロで瀬戸内海の約一三〇倍、日本海の三倍もある広い海なのである。そして地中海は平均水深がほぼ三〇〇〇メートルで、ギリシャの南岸では五〇〇〇メートルを超すところもある深い海なのである。透明度も瀬戸内海に比べ、地中海が圧倒的に高く、その色も限りなく青に近く、瀬戸内海は緑色に近い。それは植物プランクトンに含まれる葉緑素によるものだそうだ。だから青い海の地中海は見た目には美しいが、生物生産性が乏しく水産物があまり獲られない貧乏な海なのである。一方緑色の瀬戸内海は、地中海や黒海に較べ、何十倍もの漁獲量を誇る世界でもトップクラスの豊かな海なのである。

しかし、その豊かな瀬戸内海の海砂を、土木工事のために果てしなく取り続け、多くの生物の命が育まれる干潟をコンクリートの壁で潰してきたのが、現代人なのである。悲鳴をあげている瀬戸内海を、早急に守る動きを始めなければならない。

瀬戸内海は、塩・海草・魚介等々と、人間に生命の糧を与えてくれた豊饒の海であると同時に、人間の生きた歴史を刻んだ、歴史の堆積した水の道なのである。

この瀬戸内海という水の道を往った群像を、歴史の古い方から追ってみたい。まず奈良の都から中国へ向かった遣隋使・遣唐使・遣新羅使。軍とともに西へ下った額田王や斉明天皇、そして柿本人麻呂や大伴旅人などの万葉歌人。仏教の為に命を賭けて唐へ行った空海、最澄、同じく宋へ渡った栄西や道元。厳島神社を造り、度々祈願にきた平清盛とその一門。その後源氏に追われて下関に沈んだ平家の武将と女官達。それを追った義経達。源平合戦は、ここ備後にも多くの伝説を残している。

室町幕府を興した足利尊氏は、瀬戸内海でもとりわけ尾道に因縁が深く、室町幕府の最後の将軍義昭は鞆にも住んでいた。そして村上水軍といわれる名もなき海賊衆。明を攻めようとした秀吉の大軍団。江戸時代に入ると、朝鮮からやって来た通信使の大船団。

そして大坂から蝦夷地までを往復した北前船。青い目をした、シーボルト等のオランダ商館の外国人。金比羅や厳島へやって来た、弥次さん喜多さんを描いた十返舎一九。挙げればきりがないが、海の道瀬戸内海を往った人の面白い話を、備後を中心に、すこしずつ紹介していきたい。

Ⅰ

難波津から神島へ

1 運ばれた巨木と巨石

人は生きるために、二本の足で〝歩く〟ことを強いられてきた生き物である。長い間人は、食べ物を得ようと山を掻き分け、また水辺をさまよった。愛しい人に会いに行くにも、悲しい別離に立ち会いに行くにも、ついこの間までは、歩いて行くしか方法はなかったのである。

関ヶ原の戦いが終り、江戸幕府が最初に手を付けたのは、街道の整備であった。長い戦国時代に、兵馬に蹂躙された、荒れ果ててしまった国土を、再生させるためには、何よりも〝道〟が必要であった。まず江戸を中心とした、幕府直轄の五街道（東海道・中山道・甲府街道・日光街道・奥州街道）が整備された。さらにそれに次ぐ重要な路線として、幕府の港・長崎に到る中国道と長崎道、佐渡金山に繫がる三国《みくに》道等の多くの脇街道（脇往還）が造られていく。

街道の次は、川と海を利用する〝水の道〟が整備されていく。米や塩等の多量の生活必需品を運ぶには、船を利用するのが何よりも効率が良い。

中世、備後大田庄の年貢である六〇〇〇俵は、甲山から尾道へと人が背中に担いで運び、尾道から和歌山へは船を利用し、再び人力で高野山に送られていた。とにかく牛馬の使えない危険な山道は、人の力以外の動力はなかったのである。同じ頃、東北や北陸の物資は、日本海を下り、敦賀（福井県）から陸行し、再び琵琶湖の舟運を利用して南下し、京の都へ運ばれることが多かった。しかし、江戸時代になると、物流が盛んになり、多量な商品を運ぶために水の道を利用するようになる。こうして危険な日本海を下関まで南下し、そのまま瀬戸内海を東進し大坂に至る西廻り海運が生まれた。幕府の命を受けた江戸の豪商・河村瑞賢《かわむらずいけん》は、より安全な日本海の海路を定め、それに対応する寄港地として佐渡の小木・能登の福浦《ふくら》・但馬の柴山・石見の温泉津《ゆのつ》、長門の下関などの港を整備し、古より安全な水の道であった瀬戸内海へ繋いだ。こうして瀬戸内海は江戸時代になると交通の大動脈となり、多くの北前船が行き交うようになる。広島県内の港では古くから開けていた厳島・竹原・忠海・尾道・鞆に加えて、倉橋島の鹿老渡や亀の首・下蒲刈島の三ノ瀬・大崎下島の御手洗・大崎上島の木ノ江や鮴崎の港が栄えるようになった。

古今東西「港々に女あり」とよく言われる。尾道や鞆の遊廓は中世から有名であったが、江戸時代には御手洗の遊廓がそれを凌ぐようになった。

もちろん、港に舟を寄せるための、広島藩の方針である。江戸中期には人口二〇〇〇人の商業都市になっており、その人口の約二五%が遊女だったという。御手洗港の繁栄は、遊女なくしてはありえないことを知る町民は、彼女達を卑下することなく、大切に扱ったという。

「御手洗港を素通る船は、親子乗りかよ、金無しか」とか「御手洗女郎衆の髪の毛は強い。上り下りの船をつなぐ」という俗謡も残されている。

水の道瀬戸内海を利用して運ばれたものを古い順に三つほど挙げてみよう。

○石の棺

古代の豪族達を葬るためによく使われたのが、大きな石の棺である。瀬戸内海の各地で発掘された豪族の石棺には、その土地では採れない遠い地方の石が使われていることがある。たとえば古墳時代に作られた「鷲《わし》の山石《やまいし》」（高松市）や「火山石《ひやまいし》」（さぬき市）は、九州の阿蘇山の噴火で出来た黒灰色阿蘇石《こっかいしょくあそいし》であり、畿内で見つかる刳《く》り抜き家型石棺は、有明海岸宇土半島（熊本）の「ピンク阿蘇石」である。一六〇〇年も前の時代に阿蘇の麓で採れた石が、有明海、玄界灘を経て、瀬戸内海各地に運ばれて、その地方の王達の棺になっているのである。

○東大寺（奈良）の木材

東大寺は、奈良時代の七四五年、聖武天皇によって創建された華厳宗の本山で、世界最大の木造建築である。とりわけ奈良の大仏として知られる盧遮那仏《るしゃなぶつ》や、宝物庫としての正倉院があり、日本を代表するお寺である。九世紀になると広大な荘園と、多くの僧兵を擁する一大政治勢力となっていく。

そのことが災いして、一一八〇年（治承4）、源氏と平家の争いに巻き込まれ、平重衡に火をかけられ、灰燼に帰してしまった。その東大寺の復興をなしとげたのが重源《ちょうげん》という僧侶である。重源は三度も海を渡って宋に学んだ高僧で、建築学にも詳しかった。重源の活躍は目覚ましいもので資金集めに奔走し、まず大仏を鋳造し、次いで大仏殿を完成させた。その東大寺の再建のために使われたのが、周防国（山口県）の木材である。東大寺の再建に必要な多量の巨木を畿内で調達することが出来ず、朝廷はやむなく周防の国の良材を使うことにした。一一八六年、周防に入った重源は、佐波川（防府市）を遡り佐波郷の徳地（山口市）の木材を使うことにした。徳地で切り出された材木は、佐波川の川湊・木津《きわづ》に集められ、その良い物だけに「東大寺」という焼印を押し、佐波川を通って瀬戸内海に流し出した。当時の佐波川は、巨木を流すほど水量がなかったので、重源は川の水をせきとめ、石敷の水路を一一八カ所も造った。この〝関水《せきみず》〟と呼ばれる施設は、後々まで

大阪城の石垣を切り出した場所（牛窓の前島）

も佐波川水運に利用されることになる。

河口からは筏に組まれて、舟に曳かれて瀬戸内海を東進し、淀川と木津川を経て山城国（京都府）の南部の木津に集められた。こうして一一九五年、東大寺の大仏殿は、重源の考案した天竺様と呼ばれる、豪快で構造的な建築様式で、見事に再建されたのである。重源が考えたような、河川と海を結ぶ水の道は、その後全国各地で造られ、一九世紀、鉄道が出来るまでは、日本の物流の中心であり続けた。

○大坂城の石垣

太閤秀吉が創った大坂城は、大坂夏の陣で、徳川方に跡形なく毀された。幕府はその旧大坂城の土台である石垣の上に一〇メートルの盛土をし、太閤大坂城の名残を一掃し、その上に新しい大坂城を再建した。

新しい石垣は、総延長一二キロにも及び、石垣に使われた石の数は一〇〇万個にも達したという。その石の調達は、全国の大名が請け負わされた。九州唐津などの遠隔地から運ばれた石もあるが、大部分の石は瀬戸内海地方のもので、特に小豆島（香川）や、犬島（岡山）や前島（岡山）のものが多い。石には各藩の刻印があって、どの大名が寄贈したかがよく分かる。

もっとも大きな石は、蛸石《たこいし》と呼ばれる岡山藩主池田忠雄のもので、高さ一一・七メートル、横五・五メートル、重さ一三〇トンもある。犬島の石切り現場からは多数のコロを使って港に出し、そこからは筏に乗せ、時には浮力を利用して筏の下に網で吊り下げ、大坂へ曳航していった。今でも瀬戸内海沿岸の各地には、大坂城の石垣のために切り出された石切り場の跡が数多く残されている。しかしこの城も、一八六八年鳥羽・伏見の戦いで、焼け落ちてしまう。再び再建された今の大坂城の下には、徳川と豊臣の二層に重なる石垣が眠っている。

2　遣新羅使のこと

今からおおよそ一三〇〇年もの昔、天平時代のことである。旧暦の六月（今の七月）のはじめの朝早く、難波《なにわ》（大坂）の港を出た船が、新羅《しらぎ》（朝鮮）の国へ旅立った。

朝廷が唐（中国）へ送った使いを〝遣唐使〟と呼び新羅へ送ったものを〝遣新羅使〟という。遣唐使が文字（漢字）をはじめとするこの国の骨格を決める膨大な文明を、日本へ伝えたことは、教科書で学んだ通りである。ところが朝廷は、我国の防衛のために、当時の東アジアの情勢を睨みながら、唐だけではなく新羅や、中国東北部に誕生した新興国の渤海にも、度々使節を派遣している。

遣唐使は、二六〇年間に日本から唐へ一五回派遣され、その返礼として唐からは、二回の使節が来日している。（遣唐使等の派遣回数は、学者によって様々な解釈がある）ただこの回数が示すように、遣唐使に対する唐側の応対は存外なもので、きちんと対応してもらうこともあったが、皇帝に会えなかったり、長安の都にさえ入れてもらえない使節もいたようである。

同じ頃、新羅は唐と組んで、高句麗や百済を滅ぼし、朝鮮半島を統一する。この統一新羅と日本の間にも、頻繁な交流があった。

新羅から四七回、日本から二五回の使節が往き来している。奈良東大寺の大仏に塗られた金は、新羅からの使節が齎《もたら》したものだといわれている。因みに遣渤海使も、一四回派遣されている。

ここで取り上げる遣新羅使は、七三六年（天平8）に派遣された時の話である。

遣新羅使の編成や船の大きさ等の実態は、遣唐使に比べて、未だによくわからない所が多い。ただ七三六年（天平8）の遣新羅使は、かの『万葉集』に一四五首の和歌を残しているので、その歌を通して当時の船旅の姿を辛うじて知ることが出来るのである。しかしこれは和歌の綴りであり、使節としての公的な業務の日誌ではないので、船の数、乗り組んだ人数、日々の動静等については描かれていない。『万葉集』に残されているのは、難波（大坂）から対馬（長崎）までの過酷な船旅の途中で、使節の心に沸き上る望郷の思いと、そこへ残してきた愛しい女達への恋慕の歌ばかりである。

『万葉集』は、日本最古の歌集で、全部で二〇巻からなり、約四五〇〇首の和歌が収められている。

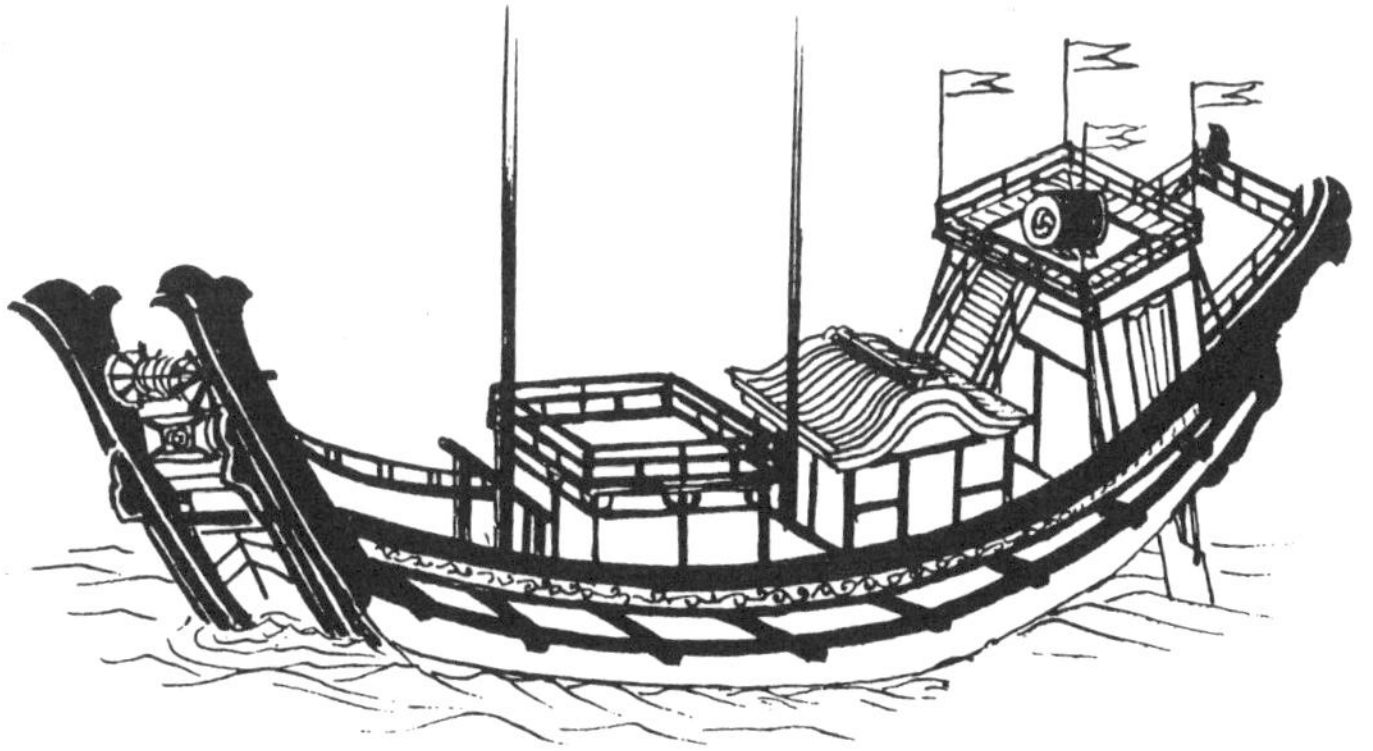

遣唐使船（奈良時代）（『資料・日本歴史図録』柏書房、2001年7刷）

古くは仁徳天皇皇后の歌から、淳仁天皇時代（七五九年）までの、約三五〇年間に渡る、天皇から農民や兵士までの様々な立場の人々の歌を大伴家持が選んだといわれている。

その『万葉集』の巻十五に、遣新羅使の歌が収録されているのである。

『万葉集』の〝目次〟ともいうべき冒頭の目録には、次のように記されている。

天平八年丙子の夏六月、使を新羅の国に遣しし時、使人等の、各別れを悲しして贈り答へ、また海路の上に、旅を慟《いた》みて思を陳《の》べ作れる歌、并《あわ》せてその所にして誦詠《よ》める古き歌、

一百四十五首

わかりやすくいえば、天平八年（七三六年）

の夏の六月に新羅に使節団を送った。その使節が旅立つ時、別れの悲しみを詠んだ歌と、海路の先々で詠んだ悲しむ歌を合わせて一四五首をこの巻十五に載せたと記しているのである。

遣新羅使の歌一四五首の、最初の歌を紹介しよう。

武庫能浦乃　伊里江能渚鳥
羽具久毛流　伎美乎波奈禮弖
古非介之奴倍之

『万葉集』が編集される頃には、まだ平仮名や片仮名はなかったので、右のように文章も歌も全部漢字で書かれている。それでも漢文ではなく、漢字の音《おん》をその意味にかかわりなく用いているもので〝万葉仮名〟と呼ばれている。日本語に直すと次のようになる。使節に旅立つ夫を送る〝妻の歌〟である。

武庫《むこ》の浦の　入江の渚鳥《すどり》　羽ぐくもる
君を離れて　恋に死ぬべし

（『万葉集』巻十五・（以降同巻）三五七八）

〈訳〉

武庫の浦（兵庫県）の入江の州にいる鳥が、親鳥の羽に大切に包まれているように、私は、あなたと離れたら恋い焦れて死んでしまうにちがいない。

この妻の歌に、夫は次の歌を返している。

大船に　妹乗るものに　あらませば
羽ぐくみもちて　行かましものを
（三五七九）

〈訳〉

私の愛する人を大船に載せることができるものなら、羽でつつんで一緒に行きましょうものを。

このような誰憚ることない男女の愛の歌が冒頭の一一首を飾った後、海路に出てもまた同じような恋の歌が繰り返されている。遣新羅使の歌には、使節としての決意や使命感を感じるものがない。一四五首は、すべて海を行く道中で詠まれた望郷と愛の歌で、新羅の国やその国の人との交流の事には、一切触れていない。不思議な〝遣新羅使〟の歌集である。

しかし和歌は、人間の情感を表現する時、かならず海や山そして太陽や月等の自然を、詠い出すことになる。だから遣新羅使の歌を細かに鑑賞すると、彼らが往った当時の瀬戸内海という海の道の姿が見えてくる。

それでは彼らの歌を手懸りにして、遣新羅使が、難波（大坂）から瀬戸内海を西へ進み、玄界灘へ出て、壱岐、対馬へと旅した跡を辿ってみよう。

（注：田渕）

本書では、「大阪」と「大坂」を文字換えして標記している。本来は「大坂」であったが、明治時代になると「坂」であると「土に返る」という不吉な意味づけがされるという考えから「大阪」と書き表すようになった。したがって、本書では明治時代以前の地名は「大坂」、明治以降は「大阪」と書き換えている。

3　新羅への旅立ち

七三六年（天平8）の遣新羅使は、『万葉集』の中に、一四五首もの歌を残している。これらの歌は、当時の瀬戸内海を往く船旅の姿を伝える、貴重な文献的資料となった。冒頭には男女の愛の歌が列記されているが、船が西に進み、備後地方に入るあたりから、旅の描写が細やかになり、歌の旅日記の体をなしてくる。

前にも報告したが、遣新羅使や遣渤海使のことはよくわからない事が多い。『日本書紀』の後に創られた『続日本紀』等で、辛うじてその出発時期、派遣された役人のリスト、途中での事件等を知ることが出来る。使節が帰朝したあと、朝廷に報告した記録が残されているからである。残念なことは、どのような船で、また何隻の船で、新羅に行ったかは書かれていない。だから遣唐使のような形で行ったのであろうと考えている学者が多い。

復元された遣唐使の船でさえ、当時の中国ジャンク船をモデルにして想像を駆使して創られたものである。唐へ行くよりはすこしばかり安全であった新羅へ行く船は、もう少し粗末であったと考える人が多い。

七三六年の遣新羅使の大使は阿倍継麻呂《つぐまろ》、副使は大伴三中《みなか》である。一四五首の歌の中で名前が記されていないものは、ほとんど副使の大伴三中の歌であろうといわれている。天平八年旧暦の六月に、難波津（大坂）を出て、明石（兵庫）、玉の浦（岡山）を経て、いよいよここ備後に入ってくる。

備後に入ると、まず神島（笠岡か福山）に寄り、つづいて長井の浦（三原市糸崎町）、風早の浦（東広島市安芸津町）、長門島（呉市倉橋島）、麻里布の浦（山口県岩国市）、大島の鳴戸（大畠瀬戸）、熊毛の浦（熊毛郡上関町）と順調に進んでいる。ここから嵐に翻弄され、豊前国下毛郡分間の浦（大分県中津市）に漂着している。その後下関を抜け、なんとか筑紫館（福岡市）へ着き、ここで七夕を迎えている。大坂から福岡まで約四〇日を費やしている。

本題に入る前に、遣新羅使の時代について少し触れておこう。当時の東アジアは、今と同じようにそれぞれの国が、国の存亡を賭けて鎬《しのぎ》を削っていた。

唐という巨大な国家の周辺の国々は、唐の思惑を正しく知り、それとどう向き合って生きていくかが、最大の政治課題であった。

新羅が、日本との頻繁な交流を望む背景には、新羅の唐や渤海に対する強い警戒感が

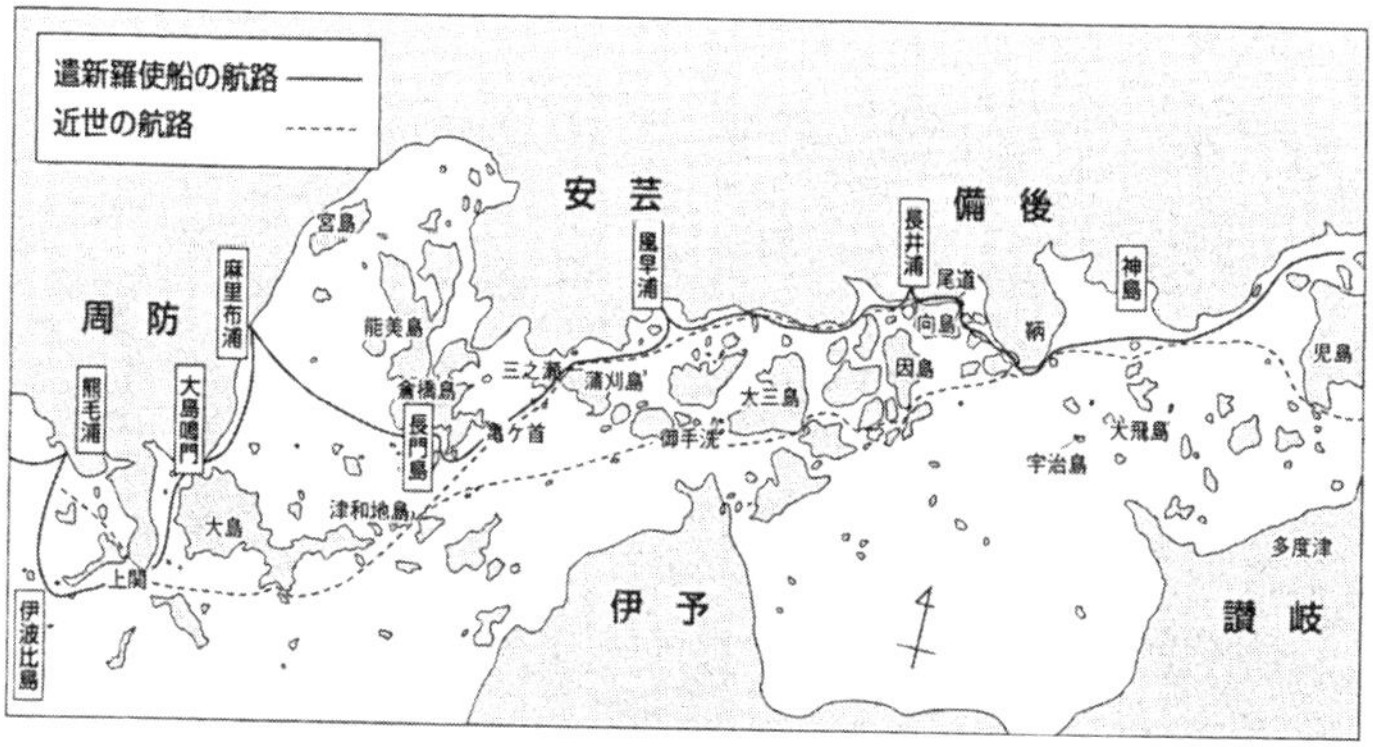

遣新羅使の航路と寄港地

（『瀬戸内海事典』——「遣唐使・遣新羅使の旅」〈佐竹昭〉455頁、南々社、2007年）

あった。高句麗や百済が滅びた同じ轍を、踏む訳にはいかないのである。日本と仲良くすることで北と南から挟撃されることを防ごうとする、戦略的な外交である。一方日本にとって新羅は、華厳宗を中心とする仏教等の先進的な文化を摂取する格好の隣国であり、唐や渤海の動向を知る情報源でもあった。

遣新羅使は、高句麗滅亡後（六六八年）から七七九年までの約一一〇年間に、新羅から四七回、日本から二五回派遣されている。しかしこの交流も、両国の思惑が違い、さほど順調だったとはいえない。

『万葉集』に歌を残した、七三六年の遣新羅使の旅は、哀しいものである。この年の六月に出発し、翌年の正月に帰国している。

この一行は九州で疫病（おそらくこの年流

行した天然痘）にかかり次々と死んでいった。大使の阿倍継麻呂も、帰路対馬で疫病で死亡している。新羅で使節としての任務を果せなかったので、自殺したのではないかという研究者もいる。副使の大伴三中も帰朝はしたが疫病にかかっており、都に入ることが出来なかった。

代って帰朝報告をした使節のひとり壬生宇太麻呂は「新羅が礼を失い、使節を受け付けなかった」と述べたという。実は二年前の七三四年、来日した新羅からの使節を、日本は「礼がなっていない」と追い返している。どちらの国が格が上かという、儀礼上の確執が続いていたのである。

七五三年唐の都長安で、皇帝が出席する正月の宴で、日本からの遣唐使の席が、新羅の遣唐使より下になっていたので、日本側が猛烈に抗議するという事件まで起きている。こうして日本と新羅の関係は冷え切っていった。

それでは私達の故郷の海を行った遣新羅使の歌で、当時の瀬戸内海の旅の形と、そこに暮らした人々の事に触れてみたい。

七三六年六月、遣新羅使の船は、多くの人の見送りを受けて、難波の大伴の御津の港を出発した。

昔から長い旅路に入る時は、朔日《つひたち》の朝が縁起が良いとされていた。船が夜明けを待って漕ぎ出すことを〝朝開き〟という。長い船旅は、死と隣合せの危険で恐ろしい旅である。朝開きは船乗りにとって吉である。神の加護を祈りながら満ち来る潮へ船を出したに違いない。

古代の船を動かすのは、人が漕ぐ櫓と、風の力を利用する帆と、潮の流れである。とりわけ瀬戸内海では、月の満ち欠けから生まれる潮の流れを利用することが肝要であった。満潮時、瀬戸内海には、太平洋から紀伊水道（徳島と和歌山の間）と豊後水道（大分と愛媛の間）から海水が押し寄せてくる。平均時速三ノット（一ノットは一時間に一海里〈一八五二メートル〉）の海流は、鳴戸海峡や来島海峡でうず潮を生み出し、五〜六時間後には、両方の潮が鞆の沖あたりでぶつかることになる。

大坂から西へ航海するには、鞆までは満潮を、鞆からは干潮を利用することになる。だから鞆は潮待ちの港なのである。七三六年（天平8）六月朔日は、新暦に直すと七月一七日となる。難波津の日の出は午前五時頃で、朔日はもちろん新月であるから大潮であったろう。この潮に乗っていよいよ船は新羅へ旅立っていく。

4　難波津《なにわづ》を出航する

新羅に派遣される役人達は、出発の日が近づくと奈良の都から大坂の難波宮《なにわのみや》へ移ってくる。奈良時代、難波には海外からやってくる使節達をもてなす、立派な宮殿が建てられていた。

奈良の都と難波宮は、生駒山を越して直線的に行けば約二五キロばかりで、急げば一日で往復出来る距離にあった。龍田越えをする正規のルートより、生駒越えがはるかに早かったのである。難波で新羅行きの船を待っている秦間満《はたのはしまろ》という男が、危険な旅の前に、愛する妻に会いたくなり、急いで奈良へ帰る時作った歌がある。

夕されば　ひぐらし
来鳴く
生駒山

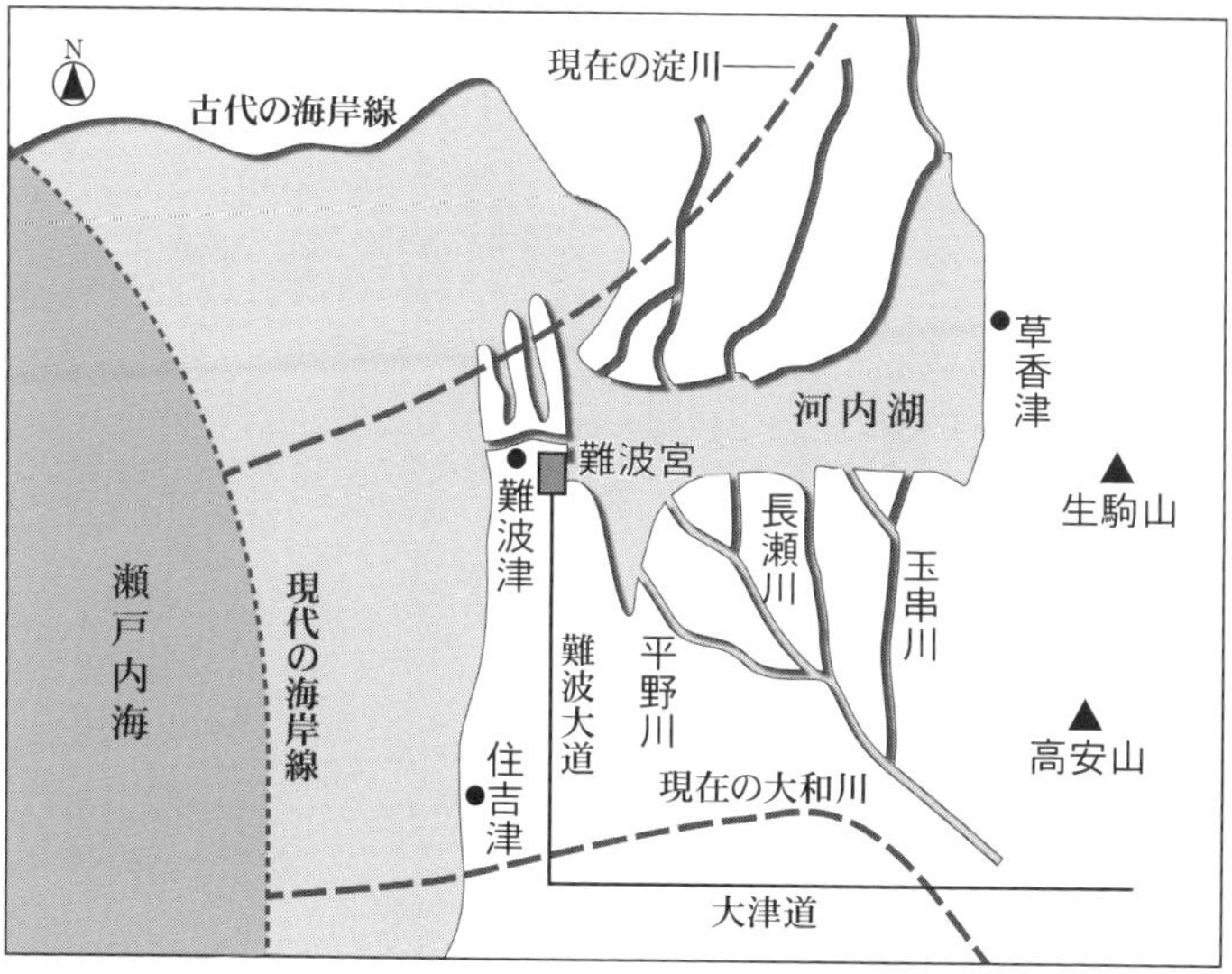

古代大坂の地形（推定）

（日下雅義『古代景観の復原』参照）

越えてぞ吾《あ》が来る
妹が目を欲《ほ》り　　（三五八九）

〈訳〉

夕方になるとひぐらし蟬の来て鳴く生駒山を越えて、自分は帰って来ることよ。妹に逢いたくて。

〃欲る〃は願い望む、ほしがるという意味の古語である。

いよいよ出発という時にも使節は次のような歌を残している。

潮待つと　ありける
船を

知らずして
悔しく妹を
別れ来にけり

（三五九四）

〈訳〉

間もなく船が出ると思い乗船したが、まだ出ない。船が出帆しやすい満潮になるまでの待つ時間があるのだという。それを知らなかったので、愛する妻と急いで別れて来てしまったのが、残念でしかたがない。

前述したように、古来より遠路の旅立ちは朔日の朝立ちが縁起が良いとされていた。天平八年の旧暦の六月朔日は新月で、早朝に干潮となり、少しずつ潮が満ちて干潟が消え、上げ潮となったので船を出すことになったのであろう。

大伴の
御津に船乗り
漕ぎ出《で》ては

いづれの島に
いほりせむ吾《われ》　（三五九二）

〈訳〉

難波宮のすぐ側にある御津の浜（難波津のこと）から、船に乗って海の上へ漕ぎ出したならば、今日はいずこの島に泊まることになるのだろう。

難波宮やその近くにあった難波津を、今の大阪港と考えてはいけない。古代の大坂は、川と海が入り組んだデルタの中にあった。一八〇〇年前には海は生駒山の近くの草香津の湊あたりまで入り込み、それを河内湾と呼んでいた。その河内湾は、海と切り離され河内湖となり、河内湖と大坂湾のつなぎ目に出来た台地と砂洲の上に、難波宮という大宮殿が建てられたのである。最近、発掘調査が進み、難波宮は中央区高麗橋あたりにあったことが分かってきた。大坂城の南西側一帯である。今そこに難波宮史跡公園が作られている。昔の難波津と現在の大阪港は一〇キロ以上も離れている。一三〇〇年の間に、大阪は私達が想像出来ないほどの変貌をとげているのだ。

遣新羅使の船は、遣唐使船よりはやや小さい箱型の船で、強い波風を受けると転覆しやすかったという。だから出来るだけ陸に近い所を、山や島が目視できる昼の間に、より安全な所を櫓をこいで行き、帆は補助的にしか使えなかったので、とにかく時間がかかった。このような陸地の近くを行く航海を〝地乗り航法〟という。だから一二〇人の乗組員の半分は、櫓をこぐ水夫《かこ》であった。後年、船が大型化し、航海術が発達すると、瀬戸内海の中心を行く〝沖乗り航法〟に変わり、航海の時間が短縮されていく。その〝沖乗り〟でも、熟知した航路の方が安全なので、四国側より山陽側を行くことを選んでいる。

朝開き
漕ぎ出《で》て来れば
武庫の浦の
潮干の潟に
鶴《たず》が声すも
（三五九五）

〈訳〉
朝開きの上げ潮に乗り、御津の浜を漕ぎ出て来ると、武庫の浦の浜辺の潮干潟はまだ広く残っていて、鶴が鳴いている声がする。

武庫の浦は、西宮市と尼崎市の境を流れる、武庫川の河口付近の海のことをさす。ただ出航した旧暦の六月には鶴がいない時期なので、コウノトリなどの水鳥のことを詠っているのであろう。

奈良時代、大坂の難波津（御津）から瀬戸内海へ出て西へ進む船は、泊《とまり》と呼ばれる湊《みなと》を利用した。湊は〝水の門〟という意味で、河や海の水の出入口に、防波堤を築いて、船が安全に碇泊出来るようにしたところである。

沖を行くことの出来ない〝地乗り〟の船は、潮と風の状態を見極めながら、上げ潮を利用して尺取虫のように少しずつ進んでいく。順調なら一気に進むが、危険な状況になれば、すぐさま近くの湊へ避難しなければならない。

難波津を出て、西へ向かう船が利用した、有名な古代の湊が五つある。東から順番に挙げると、河尻泊《かわじりのとまり》（尼崎市神崎）、大輪田泊《おおわだのとまり》（神戸市兵庫区）、魚住泊《なすみのとまり》（明石市魚住町）、韓泊《からのとまり》（姫路市的形町）、檉生泊《むろうのとまり》（たつの市室津）である。摂津国と播磨国に跨がるこれらの湊を摂播《せっぱん》五泊と呼ぶ。湊と湊の間がほぼ一日の航程だったといわれているが、必ずその湊に寄る訳ではない。七三六年の使節はここを三日間で抜けている。

ちなみに大輪田泊は、後に平清盛によって改修された福原港であり、檉生泊は江戸時代、参勤交代や朝鮮通信使によって有名になった室津港である。

実はこの五泊《いつのとまり》は、奈良時代の高僧行基（六六八〜七四九）が築いたものであるといわれている。

（注）和歌の後の数字は、『万葉集』の歌の順番を表す。

5 難波津から家島へ

遣新羅使が、『万葉集』に遺した和歌を頼りに、私達の祖先の、船の旅を味わってみたい。恐らく新羅に行った船は、大きな帆柱と、側面に多くの漕ぎ口のある、一〇〇トンばかりの、中国のジャンク船に似た、箱型の木造船であったろう。帆は、布ではなく突風の時すぐ降ろすことの出来る、竹や藁でできた筵《むしろ》を利用したものであったに違いない。船には大使と副使のほか、書記、通訳、医師、調理人、そして多くの水夫《かこ》、あわせて一〇〇人余が乗り込んでいたと考えられている。

この船は、旧暦六月朔日の朝、難波津（御津の浜）から上げ潮に乗って瀬戸内海に漕ぎ出した。ところが、この船が備後に入ってくるまでの航路が未だによく分からない。備後から対馬までは、停泊した湊ごとに和歌が残されているので分かりやすい。

ただ一つ、使節のひとりが難波津を出て玉の浦（岡山あたり）に至るまでの情景を思い出して詠んだ二五〇字余りの〝長歌〟が一首残されているのが手懸りとなっている。

長歌とは、日本語のリズムである五音七音を、五・七、五・七、五・七、と何回も繰り返し、最後に五・七・七で締める、和歌の一つの形態である。長歌は『万葉集』四五〇〇余首のうち、約二七〇首あり、柿本人麻呂が、その様式を完成させたといわれている。

それではその長歌を手懸りに、大坂と兵庫の航路を探ってみよう。二五〇字にも及ぶ長い歌であるが、意味の上では、いくつかの段落に分けられるので、少しずつ引用して訳してみよう。

朝されば
妹が手に纏《ま》く
鏡なす御津の浜びに
大船に　ま楫繁貫《かじしじぬ》き
韓国《からくに》に渡り行かむと
直向《ただむか》ふ　敏馬《みぬめ》をさして
潮待ちて
水脈《みを》びき行けば
沖辺には白浪高み

浦まより漕ぎて渡れば
吾妹子《わぎもこ》に淡路の島は
夕されば雲ゐ隠《かく》りぬ

〈訳〉

朝になれば、御津の浜辺につないである大きな船に、真楫（左右一対になった楫）を舷《ふな》側《べり》からいっぱい出して、その楫を懸命に漕いで、韓国（新羅）へ行こうと、敏馬浦（神戸市の東部）の方向へまっ直に船出しようとしているのだ。潮を待ち、曳《ひ》き船《ぶね》に引かれて水脈《みを》すじを行くと、沖の方には風があるのか、白波が高く立っている。御津の浦から漕ぎ出すと、遠くに見えていた淡路島が、夕方になると、雲が出て見えなくなってしまった。

さ夜更けて
行く方を知らに
吾が心明石の浦に
船泊めて浮寝《うきね》をしつつ
わたつみの

沖辺を見れば
漁《いさり》する海人《あま》の少女《をとめ》は
小船《をぶね》乗り
　つららに浮けり

〈訳〉
出航した日の夜が来た。どちらに行ったらよいのか分からないので、明石の浦で船を停めて、海の上でひと眠りする。寝ながら沖の方を見ると、漁をする海人《あま》の娘たちが小舟を浮かべて夜釣りをしている。

暁《あかとき》の潮満ち来れば
芦辺には鶴《たづ》鳴き渡る
朝凪《あさなぎ》に船出をせむと
船人も水夫も声呼び
鳰鳥《にほ》のなづさひ行けば
家島《いえしま》は雲ゐに見えぬ
（三六二七）

〈訳〉

二日目の暁を迎えると、また潮が満ちはじめ、芦の生い茂る干潟のあたりから、水鳥が鳴き飛び立っていく。明石の海は凪いで、さあ船を出そうと、船人も水夫たちも声を揃えて漕ぎ、にほ鳥（かいつぶり）のように波間を漂っていくと、家島諸島が雲の彼方に見えて来た。

六月朔日、難波津を出た遣新羅使は、この歌のように上げ潮に乗って、真西にある敏馬浦をめがけて船を進め、その日の夕方には明石の浦へ到着した。そして翌朝、上げ潮に乗って明石海峡を抜けて、家島諸島を目指したのである。

6　印南都麻《いなみつま》から玉の浦へ

遣新羅使の船は、一日目は明石の浦で船を留めて、そこで一夜を過ごし、二日目の朝、再び上げ潮に乗って播磨灘へ漕ぎ出した。加古川の河口あたりまで来ると、右手に印南都《いなみつ》麻《ま》という美しい地名の土地、そして左前方に家島諸島が見えはじめる。

吾が思《も》へる心なぐやと
早く来て見むと思ひて
大船を漕ぎ吾が行けば
沖つ浪　高く立ち来ぬ
外《よそ》のみに
見つゝ過ぎ行き

（三六二七の長歌の一部）

遣新羅使が通った海（牛窓の沖の前島と小豆島の間、小さな島は青島）

〈訳〉

（家島が見えて来たので、家島という名を聞くだけで、）自分の家や妻の事が思い出される。その家島の近くに行けば、心が慰められるのではないかと、急いで漕いでいく。しかし、海が荒れ波が高く立って来たので、遠くから眺めるしかなく、そのまま過ぎていくしかない。

次の二つの歌は、今紹介している長歌とは別の遣新羅使の和歌であるが、兵庫県の海を行く〝地乗り〟の船旅の情景がよくわかるので引用してみたい。

吾妹子が形見に見むを

印南都麻　白浪高み

外《よそ》にかも見む　（三五九六）

〈訳〉

私は今、加古川の河口の印南都麻の沖までやって来た。〝印南都麻〟という〝つま〟（妻）を思い出す地名を聞いたので、その土地をしっかり見て心の形見としようと思う。しかし、白浪が高いので船を近づけることが出来ないので、遠くから見ることにしよう。

印南都麻は印南にある「ツマ」ということである。「ツマ」は、地形を示す言葉で、その土地に属してはいるが別に区画をなしている状態をさし、ここでは摂津国印南郡の砂洲をさす。

わたつみの沖の白浪
立ち来らし
海人少女ども
島隠る見ゆ　（三五九七）

〈訳〉

沖の白浪が立って来るらしい。漁をしていた海人の少女たちが、危険を察して島の入江に小舟を退避させているのが見える。

長歌とこの二つの短歌をよく読めば、明石の浦を上げ潮に乗って出航したが、播磨灘に来たあたりで風が出て、波が高くなったので、漁師の娘達の船と同じように、ここで海の荒れが鎮まるのを待っていたようである。だから美しい松林がある印南都麻にも、家島にも寄ることが出来ず、遠くから眺めるだけで通り過ぎて行ったのである。

結局この時の遣新羅使船は、摂播五泊と呼ばれる大坂・兵庫の湊にはどこにも泊ることはなく、一週間はかかるといわれた航路をわずか三日間で通過し、岡山県沖に辿り着いている。古代の船旅は、予定が立たない風まかせ潮まかせの旅である。

7　吉備穴海（児島湾）を行く

七三六年の遣新羅使の船は、兵庫県の室津（古代の韓生泊）と家島の間を抜けて、いよいよ岡山県の海に入ってくる。

この時は、牛窓の港に寄ることなく、牛窓と小豆島の間を西進し、犬島の北側を通過している。犬島を過ぎた所で、楫《かじ》を北に切って、児島湾に入っていく。

今の児島半島は、その昔備前国の沖に浮かぶ離島であった。今の児島湾は、鎌倉時代頃までは、吉備穴海《きびのあなのうみ》といわれていた。遣新羅使や遣唐使などの大型船もこの吉備穴海を通っていた。ところが吉備穴海は、岡山の三大河川（吉井川、旭川、高梁川）が運び出す泥土でだんだん浅くなり、江戸時代になると新田開発が進み、児島湾（児島湖）を残して完全に陸地となってしまった。

岡山市や倉敷市の大部分は、福山市と同じように、かつては海の底であったのである。

遣新羅使の船は、今の両備フェリー（岡山港と小豆島・土庄港を結ぶ航路）と同じ航路

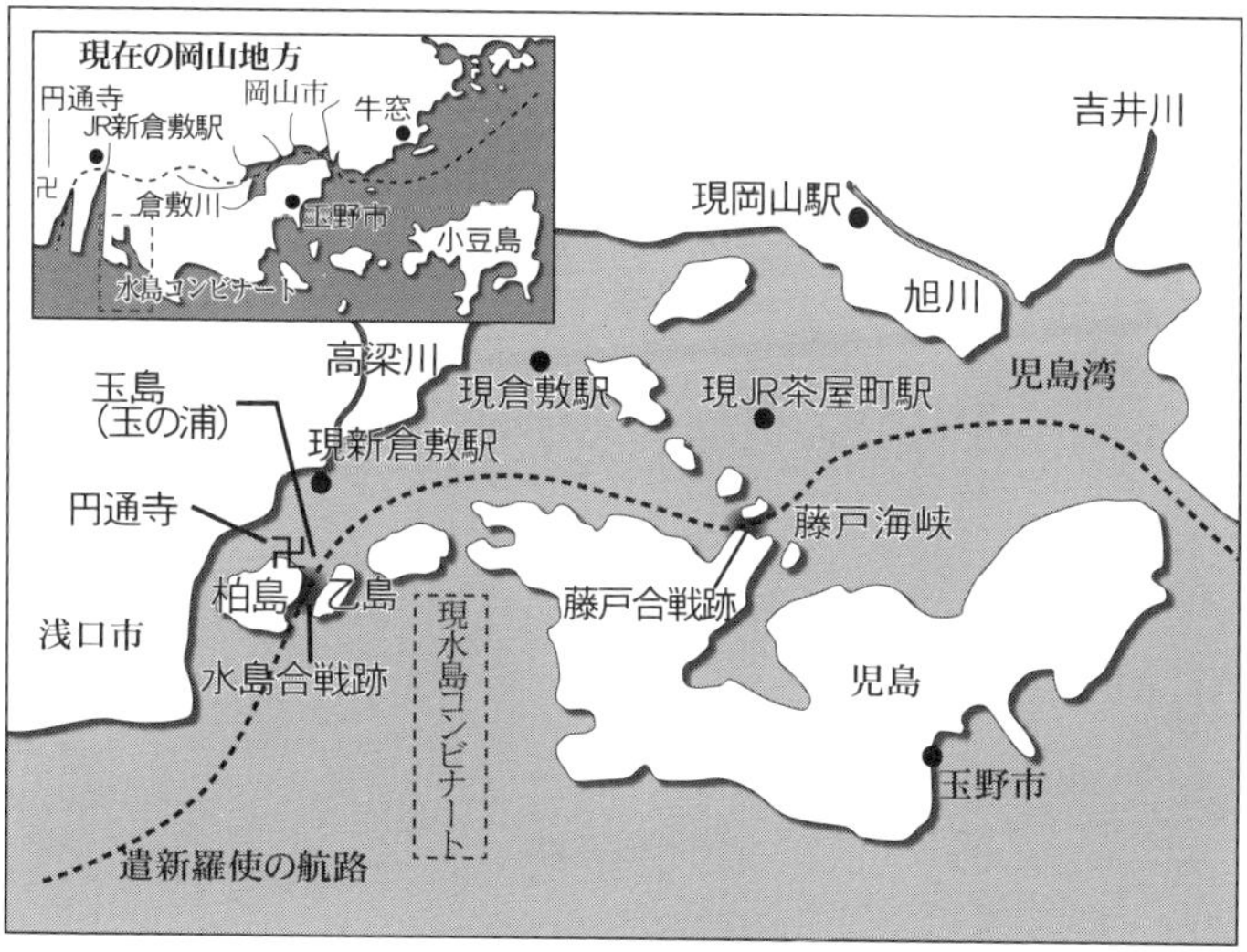

吉備穴海（児島湾）

（古代から中世の児島（杉原作成））

を辿って児島湾に入っていったことになる。

穏やかで安全な吉備穴海を西に進み、藤戸海峡を抜けて更に西進する。藤戸海峡は現在の倉敷川にその名残を残している。藤戸海峡は、遣新羅使が通った時から四四八年後、源氏と平氏が激しく闘った、一一八四年（天暦1）の備前児島の藤戸合戦の場所として有名になる。藤戸合戦は、源範頼の家来で天城側に陣取った佐々木三郎盛綱らが、児島側で陣を張っていた平家を攻めた戦いである。

源平合戦の頃、藤戸海峡は狭い所で三〇〇メートル、広い所で二三〇〇メートル位あったといわれている。ところが狭い所は深く、広い所が浅かったようで、佐々木三郎達は、地元の漁師に渡れる場所を聞き出し、干潮の時、馬でこの海峡を渡って源氏を勝利に導いた。悲しいことに、この海の道を教えた若い漁師は、秘密保持の為切り殺されてしまう。この話を、かの世阿弥が、謡曲「藤戸」として結晶させていく。

藤戸海峡を抜けた遣新羅使の船は、更に西へ進み、現在の新倉敷駅のあたりから南下し、玉の浦（現在の倉敷市玉島）の湊に入ったことになる。

遣新羅使の船は、現在の地勢図（地図）からすると、児島湾（湖）に流れ出る倉敷川河口から玉島の中心街（かつての玉島港あたり）までは、陸の上を行ったことになる。大雑把に言えばJR瀬戸大橋線の茶屋町駅と植松駅の間を抜けて、藤戸寺の北を行き、大原美術館の南を通り、高梁川を渡ったあたりから南に下り、新倉敷駅前を通って玉島へ出たのである。古代の玉島は、柏島と乙島の間に浮かぶ周囲二〇〇メートルばかりの岩の島であったといわれている。約一三〇〇年前、遣新羅使が行った吉備穴海や水島灘の景色は、現在の水島工業地帯を中心とする景色とは、私達の想像をはるかに越える、異次元の世界である。

夜は明けぬらし
玉の浦に
求食《あさり》する鶴
鳴き渡るなり　（三五九八）

さて右の歌に詠われた〝玉の浦〟は一体どこなのだろう。玉の浦の位置には、次の四つの候補がある。

○瀬戸内市邑久町玉津説

家島諸島の真西にあたる邑久町には、かつて錦海湾という深い入り江があった。その入り江の奥に玉津という湊があった。その海を埋め立てた所に今、三井造船所がある。地元の人は、（三五九八）の玉の浦の歌がここで詠まれたとし、ブルーハイウェイの一本松展望園に歌碑を建てている。

○玉野市玉説

玉野市には、瀬戸大橋がないころ、宇野と高松を結ぶ宇高連絡船が出る宇野港があった。

そのすこし南西にある玉が昔の玉の浦だといわれている。

○倉敷市玉島説

良寛和尚ゆかりの円通寺から見下ろすことの出来る玉島港が、かつての玉の浦だという。今はこの玉島説が本命のようである。ここにも（三五九八）の歌碑がある。

○尾道市長江説

千光寺の〝文学のこみち〟にも同じ（三五九八）の歌の碑がある。

歴史学者は、地乗り航法の時代には、児島湾（吉備穴海）を行ったと断言する人が多い。すると児島半島の南にある玉野市ではないということになる。しかし『万葉集』をよく読めば、玉の浦は印南都麻（加古川市）と神島（笠岡市か福山市）の間になるので、尾道ではない。ならば牛窓か玉島ということになる。歌意は「漆黒の夜が明けたようだ。浅瀬が広がる海で、餌を漁っていた鶴が、鳴きながら渡っていく。」となる。

右の歌の情景は、往時の玉島（玉の浦）に相応しいとするのが、大方の『万葉集』研究家の考えであるようだ。難波津から玉の浦までの船旅を詠った、一二五〇字余の長歌（三六二七）は、次のように結ばれている。

わたつみの手纏《たまき》の玉を
家苞《いへつと》に　妹にやらむと
拾い取り袖には入れて
帰しやる　使《つかひ》無ければ
待てれども験《しるし》をなみと
また置きつるかも

（三六二七）

※家苞＝家への包みもの、おみやげ

〈訳〉

海の神が手に纏いているという海の美しい石を、妻にやろうと拾って袖に入れたが、残念なことに都へ送るてだてがない。だから持っている甲斐もなくて、また玉の浦の海へ置いてきてしまったよ。

『万葉集』巻十五の叙述によると、六月朔日、大坂を出た遣新羅使は、第一夜は、明石の浦に船を泊め、二日目は時化を避けて海上に停まり、三日目にようやくここ玉の浦に、到着したことになる。

8　玉の浦と玉島の海

『万葉集』三六二七番の長歌のあとに、二つの反歌が付け加えられている。反歌とは長歌の後に詠み添える短歌のことで、長歌の意を反復・補足し、要約をする歌である。それでは倉敷市玉島にあったと思われる〝玉の浦〟のことを詠った反歌二首を紹介しよう。

玉の浦の　沖つ白玉
拾《ひり》へれど
またぞ置きつる
見る人を無み

（三六二八）

〈訳〉
玉の浦の海で、手に巻くための美しい白玉を拾って袖に入れたけれど、都へ運んでくれる人がいないので、また元の海へ返してしまったことよ。

秋さらば吾が船泊《は》てむ
忘《わすれ》貝《がい》寄せ来て置けれ
沖つ白浪

（三六二九）

〈訳〉
秋になれば、新羅からの帰りには、またこの湊へ泊る予定なので、海に戻した美しい忘れ貝を、どうか浜辺へもう一度寄せて来てほしい、沖の白浪よ。

遣新羅使達は、この玉の浦で妻のいる奈良の都を思い、朝鮮半島に行っても秋には必ず帰ってくると詠っている。しかし七三六年の旅は、使節の目的が達成出来ない上に、疫病で大方の者が死んでしまうという悲しい結末となる。

さて、この玉の浦のある水島の海も、藤戸の瀬戸と同じように源平の合戦の跡である。備前藤戸合戦の一年前、一一八三年（寿永2）の秋一〇月、源平両軍は、ここ水島灘に浮かんでいた、柏島と乙島の間の海峡で、激闘を演じた。

この年の六月、総勢一〇万余騎の平家軍は、五万余騎の木曽義仲軍に倶利伽羅峠（富山・石川県境）で、思いがけない大敗を喫した。平家最高の指導者平清盛の死から、まだ二年八ヵ月しか経っていなかったのである。都は戦々恐々とし、逃げ出す者も出る始末であった。平家は状況の悪さを察し、自分達の地盤である西日本へひとたび撤退し、態勢を立て直そうと考えた。こうして平家の都落ちが始まるのである。栄耀栄華を誇った平家一門の六波羅や小松殿、西八条等の二十余の壮麗な屋敷や、五万軒にものぼる町家に火を放ち、六歳になったばかりの自分達の錦の御旗安徳天皇を連れて、福原（神戸）へ、そして大宰府（九州）へと落ちていく。

水島合戦は、やや勢力を盛り返し、西から再び東上してきた平家軍と、後白河院の平家追討の院宣を受け、都から駆けつけた木曽義仲軍が戦い、平家軍が圧勝した戦いのことである。海での戦いは、西日本の水軍を味方にしていた平家軍がまだ優勢であった。平家が陣を構えた西の柏島と、源氏が陣を敷いた東の乙島は、約三〇〇メートルほどの狭い海峡で隔てられていた。

両軍を分けていた海峡は、江戸時代になって干拓され、北前船が出入する備中を代表する湊〝玉島港〟の河口となった。今はその上に、水玉ブリッジラインの玉島大橋が架かっ

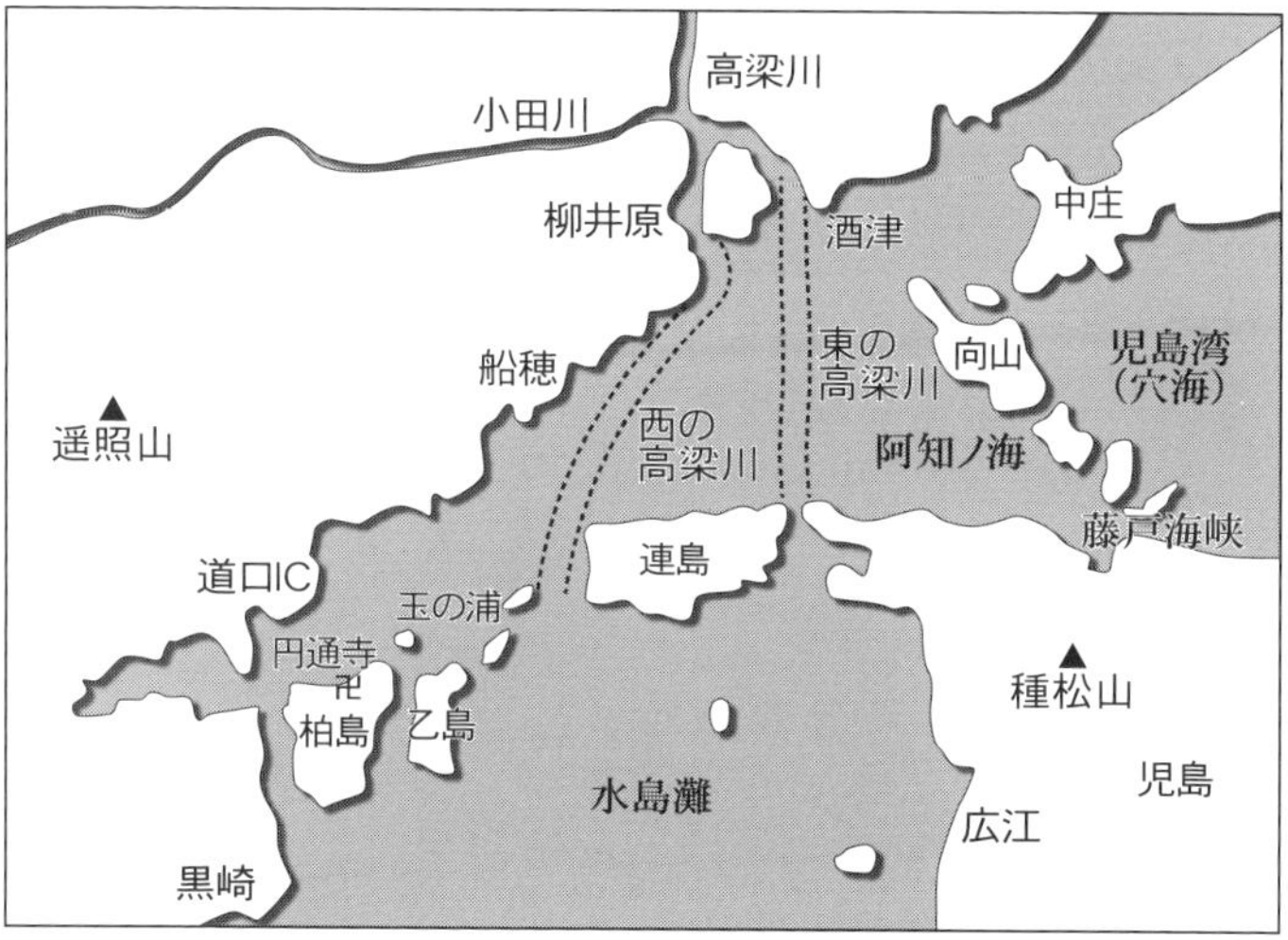

古代から中世にかけての倉敷周辺想像図
（江戸の大干拓の前）

ている。柏島の高台にある円通寺公園に上ると、眼下に源平水軍が死闘を演じた玉島の海と、その向こうに広がる、巨大な水島コンビナートを一望することが出来る。穏やかで鄙びた水辺の村々を、今のような水島・玉島の商工業地帯にしたのは、高梁川であろう。高梁川の本流は、新見市千屋の花見山を源流にしたものだが、高梁川は成羽川や小田川など大小八四の支流を有する大河である。最大の支流成羽川は、広島県北の道後山が源で、東城、成羽を経由して高梁市落合で本流に合流する。江戸時代から昭和のはじめまで、新見や勝山・東城等の備北の人達は、これらの川を利用して船で玉島に出て上方に向かった。小田川も、源流は神石高原町（三和町）で、清音（倉敷市）で本流に流れ込む。高梁川は、古代から砂鉄採取のための「鉄穴流し《かんなながし》」で多量の土砂を下流に流し、阿知ノ海や水島の海を次第に埋めていった。古代から一六世紀頃までは、高梁川の河口は今の山陽自動車道近くの酒津や柳井原あたりであったようだ。高梁川という名称も、明治になってからのもので、古くは川嶋川とか川辺川、松山川と呼ばれていた。江戸時代になると備中松山藩による大干拓が進み、現在の倉敷市の土地の大部分が生まれていく。江戸時代の干拓の頃から大正時代の末までは、高梁川の下流は、酒津・柳井原あたりから、東と西の二本の川となり、東高梁川と西高梁川として分流していた。そして大正末期に西高梁川（現・高梁川）に一本化され、東高梁川は埋められその河口周辺に水島工業地帯が形成されていくことになる。

遣新羅使が泊った〝玉の浦〟は玉島の市街地にある大正橋付近であると考えられている。

さて円通寺といえば〝良寛さま〟（一七五八～一八三一）である。江戸時代後半、越後・出雲崎の名家に生まれた良寛は、一八歳の若さで俗世間を捨てて出家し、二二歳の時、国仙和尚に師事するためにここ玉島の曹洞宗円通寺にやってきて、三三歳までの一一年間修業した。その後全国を行脚し、三八歳の時故郷に帰り、飄飄と暮らし、七四歳の生涯を閉じた。辞世の句は「散る桜　残る桜も　散る桜」である。我欲を断ち、高僧なのに寺を持たず、清貧の中で、漢詩や和歌や書を愉《たの》しみ、気高い詩文や味わいのある書を多く残している。〝良寛さま〟と慕われ、優しく愛情豊かに人々と交流した。とりわけ子供が好きで、手毬やおはじきでよく遊んだという。

自分の粗末な庵に生えた竹の子のために、屋根に穴を開けようとしたという話や、子供達と〝かくれんぼ〟をした時、夜になり、子供達が帰ったのを知らず、翌日までじっと同じ格好をして隠れていた話など、心暖まるエピソードが多い。円通寺公園には、三人の童に囲まれ、手毬で遊ぶ良寛さまが建っている。

代表的な和歌を一つ紹介したい。

霞立つながき春日を
子供らと手毬つきつつ
この日くらしつ

9　玉島物語――そして神島へ

江戸時代になると、備中松山（高梁）藩主水谷《みずのや》勝隆・水谷勝宗の親子は、この阿知ノ海や甕《もたえ》の海を干拓して広大な農地とし、松山の外港としての玉島の湊を整備拡張した。こうして玉島の湊は、北前船が出入する備中を代表する港町となる。

また玉島港は、北前船だけではなく、高梁川を利用する高瀬舟の湊としても栄えてゆく。高梁川やその支流の成羽川には、備北から米や鉄、銅やベンガラ、その他大豆、小豆、煙草、杉原紙などを運ぶ下り舟と、玉島から塩や織物、雑貨類を運ぶ上り舟が行き交った。

高瀬舟は、全盛時代には一八三艘もあったと記録されており、江戸時代から明治、大正、昭和初期までは、備北（新見や東城）と高梁、そして玉島を結ぶ、物流の大動脈であった。しかし一九二八年（昭和3）、伯備線の全線開通にともない、高瀬舟は姿を消していく。

高瀬舟は、全長約一五メートル、幅約二メートル、それに約七メートルの帆を持つ、底の浅い五〇石積の船で、下っていく時、人なら約三〇人、米で約四〇俵を積むことが出来

かつては海だった玉島。柏島の円通寺公園に上ると、水島灘で決闘した源平の古戦場が一望できる。柏島（手前）には平家が、水玉ブリッジラインの橋のむこうの乙島には源氏が陣を構えた。遠くにかすんで見えるのが水島コンビナート。

た。高梁・玉島間の約八〇キロを、一日で下り、三～四日かけて上っていく。上りは特に大変で、川原に敷かれた船頭道を、何人もの曳子《ひきこ》と呼ばれる男衆達が舟歌を歌いながら曳き上げていく。流れが急なところにさしかかると、船頭は舟から下りて舟首をかつぎ上げ、曳子は船頭道の石に指をひっかけて四《よ》つ這《ば》いになって引っ張り上げていった。

玉島港の発展につれて、近郷から商人達が移り住むようになり、問屋や倉庫の蔵が立ち並ぶ、大きな商業都市が形成されてゆく。こうして富裕な問屋が生まれ、彼らは上方に負けない文化を育て、〝風流問屋〟と呼ばれるようになる。中でも茶道・絵画・詩文等で、代々すぐれた人物を輩出した柚木《ゆのき》家や小野家は有名である。松山藩の庄屋を務めていた柚木家の旧宅は、江戸中期に建てられた大豪邸で、今でもそのまま残されている。柚木家は、藩主が玉島にやってきた時の宿で、〝西爽亭〟とも呼ばれる。ちなみに〝西爽亭〟と名付けたのは、神辺（福山）から遊びに来た、かの菅茶山である。北前船の出入で元禄時代に全盛期を迎えた玉島港も、度重なる高梁川の洪水によって大量に流し出される土砂で浅くなり、千石船が入港出来なくなり、次第にさびれていく。玉島の町をゆっくりと歩くと、江戸・明治・大正・昭和のそれぞれの時代の名残が漂ってくる。

昭和三三年東京タワーが出来る頃を背景にし、大ヒットした映画『ALWAYS三丁目の夕日』（二〇〇六年公開）は、ここ玉島がロケ地となったことを知る人は少ない。昭和三〇年代の街並みが、今でもあちこちに残されている玉島だからである。

さて遣新羅使の話に戻ろう。玉の浦（玉島）で泊った一行は、玉の浦から神島に向けて四日目の旅を出発する。前述したように、天平八年の旧暦の六月朔日の上げ潮に乗って難波津を出発したと考えるなら、四日目の旅は、今の潮汐表などを参考にすると、上げ潮に乗るために、昼過ぎに水島灘に漕ぎ出したに違いない。神島を笠岡市の沖の神《こうのしま》島だと考えるなら、約一二〇キロの船旅となる。昼過ぎに、玉島の湊を出た船は、最大五ノットの上げ潮に乗って、黒崎、寄島、大島の沖を進み、神島の湊へは日が暮れた頃に到着したのだろう。

10 神島はカシマ、いやコウノシマ

月読《つくよみ》の光を清み
神島《かみしま》の磯廻《いそみ》の浦ゆ
船出《ふなで》す我は

（三五九九）

〈訳〉

私達の遣新羅使の船は、玉の浦（現・玉島）から上げ潮に乗って、ここ神島の入江の磯に到着し、船を泊めて次の潮を待っていた。日が没すると、清らかな夕月が海を照らし、潮も満潮になり、そろそろ引き潮になる時がきた。この下げ潮に乗って、月の光をたよりに、次の泊地を目指して船を出すのだ。

太平洋の潮は、豊後水道と紀伊水道から瀬戸内海へ流れ込んで来る。流入した潮は約六

神島（笠岡）、島の天神社にある万葉集歌碑

時間で笠岡諸島付近に達しここでぶつかり、また六時間を経て両水道へ去って行く。それゆえ笠岡諸島や鞆の浦は、潮待ちの港として発展していく。

冒頭の『万葉集』の中の三五九九番遣新羅使の歌の碑が、笠岡市沖の神島（コウノシマ）の天神社境内と、福山市神島（カシマ）町の西神島神社の鳥居の所にある。

歌の中の〝神島（かみしま）〟が、笠岡沖のコウノシマだとする説と、福山市の芦田川河口にあったカシマだとする二説があるのだ。

郷土を愛する人達が、そのゆかりの地に、それぞれ立派な歌碑を建立して神島はここだと譲らない。

福山の神島周辺の歴史を簡単に探ってみよう。

芦田川河口の神島町の西に、〝津之郷〟という地名の町があり、ここがかつて、港であったことを表している。奈良時代から平安時代にかけて栄えたという津之郷は古代津宇と呼ばれ、今の夕倉（津之郷町）あたりが港であった。この海岸には、奈良時代から平安時代にかけて隆盛を誇った和光寺があり、その跡に今の田辺寺が建っている。

赤坂と津之郷の境には〝水越〟という地名もある。JR赤坂駅は、かつて水越駅と呼ばれていた。江戸時代菅茶山が纏めた『福山志料』という本には、今津から神島（現・西神島町）までの一面は海であり、大潮のときにはここを水が越えたのでこういう地名となったとある。

しかし中世になると、芦田川や山手町の奥の高増山系の幾つかの川から流し出す土砂で、津之郷一帯の海は次第に浅くなり、夕倉あたりにあった港は、神島へそして草津（草戸）へと時代とともに移っていく。

中世、草津には、草戸千軒町が栄えたが、これも度重なる洪水で、江戸時代のはじめには水底に沈んでしまう。

いずれにしろ福山市の〝神島〟には、多くの船が出入したことだろう。しかし福山の神島の隆盛は遣新羅使（七三六年）の時代よりは、もっと後のことになるような気がする。

『万葉集』によると、遣新羅使の船は、玉の浦（玉島）→神島→鞆の浦へと進んだと記録されている。玉の浦から出た船が、鞆の浦へ向かう時、途中で潮待ちをするのなら、福山の神島（国道2号線神島橋の西）は遠すぎる。笠岡諸島や鞆の浦の沖のあげ潮や下げ潮に乗るには、やっぱり笠岡の神島（コウノシマ）で潮待ちをしたと考えるのが妥当なところであろう。

笠岡沖の神島《こうのしま》や高島、白石、北木、真鍋、大飛等々の笠岡諸島は、潮待ち、風待ちの港として古代から瀬戸内海水運の交通の要衝であった。

日本最古の歴史書『古事記』に、早くも神島やその沖の高島が登場している。『古事記』そのものは神話であり、フィクションではあるが、その中に出てくる地名は実在のものである。日本の初代の天皇神武は、日向（宮崎）の高千穂を出て、この葦原中国《あしはらのなかつくに》（日本）を治めるために、瀬戸内海を経て大和橿原《かしはら》に向かう。その時阿岐国（安芸国）で七年、吉備国高島で八年間滞在したとある。

天皇の行在所《あんざいしょ》高島宮は、その後荒廃し、高島から神島の外浦に移され、今の神島神社となったという。

神島という地名も、その時生まれたという伝承がある。

高島の沖の白石島は、江戸時代の西国大名が参勤交代する時、御座船《ござぶね》を繋留して潮待ち、風待ちをした島である。御座船は、大変豪華なもので、船体や上回りの屋形を黒や朱の漆で塗り、さまざまな金具で装飾してあった。大名のいる御座は大体二階になっており、御座の間、御次の間、御三の間が有り、まさに小さな宮殿が船になったようなものである。家紋をつけた幔幕をめぐらせ、大きな帆にもくっきりと家紋が染め込まれていた。各藩は、藩の威信をかけて、豪華な御座船を作ることを競いあった。

笠岡諸島の一角にある大飛島《おおび》は、笠岡港から南へ一七キロ、鞆から東南東に一一キロ、福山市の走島の沖の宇治島からわずか三・五キロの所に位置する周囲六キロの小さな島である。現在の人口は約一四〇人で、笠岡港から一日四便の定期船が通い、約五〇分で大飛島大浦港に到着する。

この大飛島で、一九六二年（昭和37）に歴史的な大発見があった。この年の九月一三日、飛鳥小中学校の校庭に鉄棒を作ろうと、先生と生徒がグランドを掘っていると、奈良三彩の小壷、銅鏡、銅鈴、銅銭などが出てきたのである。その後、専門家による五回に渡る発掘調査で、数々の貴重な出土品があらわれた。これらの出土品は、奈良時代から平安時代にかけて、大飛島からは縁遠い、都の貴族や官人が使っていた物が多く、神を祭る祭祀に使われたものであろうと発表された。とりわけ遣唐使の旅の安全を祈って捧げられたものだと考えられている。多くの遣唐使が難破し失敗するのは、〝神のたたり〟だと思われ、

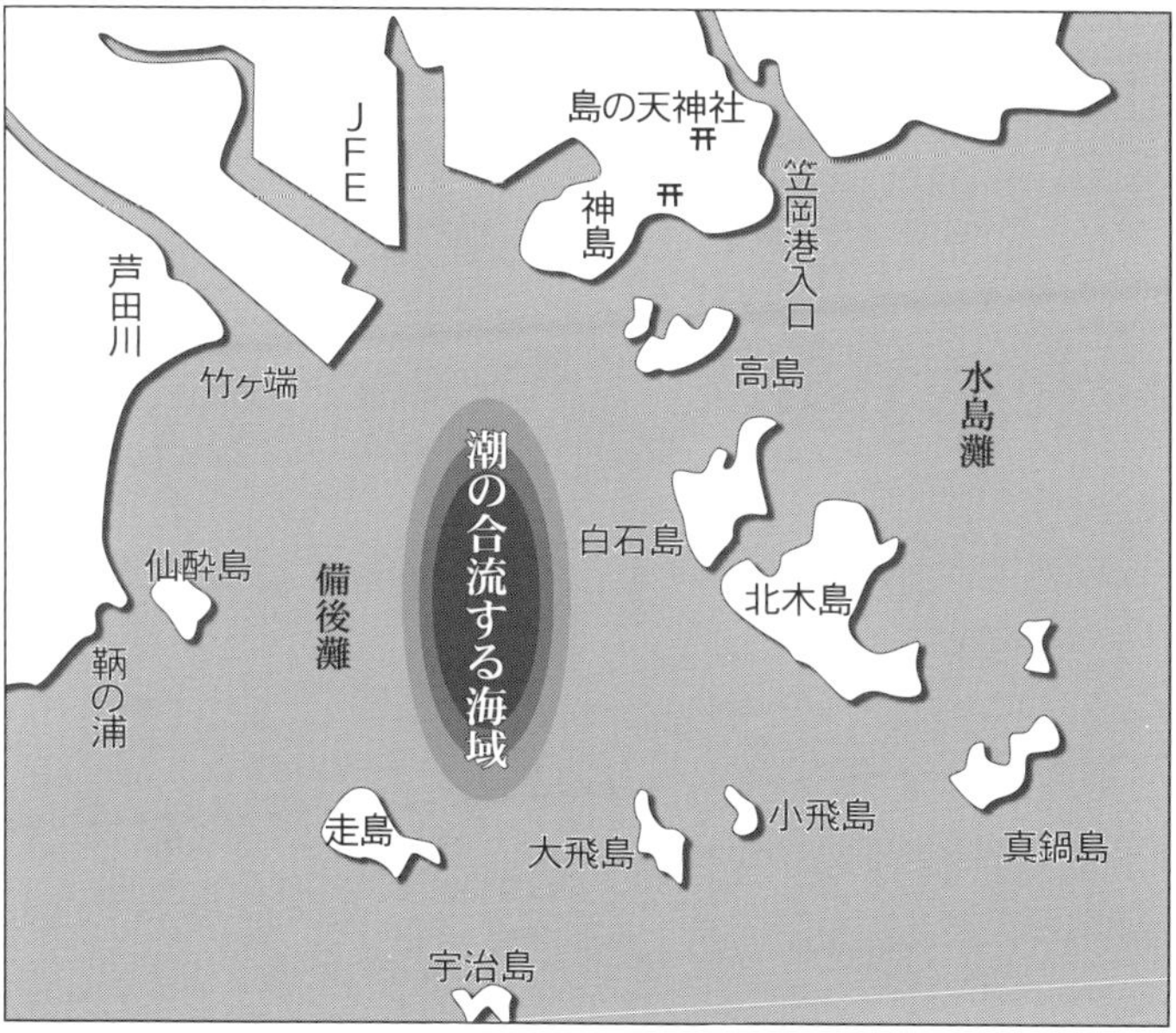

潮流がぶつかる笠岡諸島

潮流がぶつかり巨岩や長い砂洲のある神秘的な大飛島が、祭祀の場所となったと考えられている。

大飛島のような祭祀遺跡として、最も有名なのが、玄界灘に浮かぶ絶海の孤島〝沖ノ島〟である。沖ノ島は、朝鮮半島や中国へ渡る航路上にあり、恐ろしい海を渡る人々は、ここへ立ち寄り、多くの貴重品を捧げて航海の安全を祈った。

沖ノ島の出土品の多くは国宝に指定されており、沖ノ島祭祀遺跡は、「海の正倉院」

と呼ばれている。大飛島の遺跡はそれに匹敵するもので、出土品の多くは国の重要文化財に指定され、岡山県立博物館と笠岡市郷土館に収蔵されている。

笠岡諸島や鞆の浦は、瀬戸内海の歴史の宝庫なのである。

11　神《こうの》島《しま》の磯廻の浦（1）

それでは、歌中の〝磯廻《いそみ》の浦〟とは、神島のどのあたりを指すのであろう。磯廻の浦は固有名詞としての地名ではなく、「岩礁の多い海岸の入江」のことをいう、普通名詞である。ちなみに〝磯〟は、海や湖などの水際の、石の多い所のことである。

神島の〝磯廻の浦〟は、歌意からすれば、岩礁が多く、日没後、月が西の空に長く輝き、鞆に向かって船を漕ぎ出しやすい場所でなければならない。神島から鞆までの距離は約八浬《かいり》（約一五キロ）である。一浬は一八五二メートルで、緯度一分の長さに相当する。

歌の解釈や航海史の捉え方の違いで、神島には少なくとも〝磯廻の浦〟だとされる場所が四カ所ある。

○島の天神
○神島外浦港あたり
○御手洗海岸（見崎）

○神島と片島の間

古代の神島周辺の地図に、その四つの場所を書き込むと、左図のようになる。神島やその北側にある片島、横島、大殿洲《おおどんす》等の島々は、かつては、笠岡の沖に浮かぶ離島であった。神島や横島・片島は、その後の笠岡港の干拓で地続きになり、白砂青松の美しい海は姿を消した。今ではカブト町の農園やＪＦＥの工場やゴルフ場になり、大きく姿を変えてしまった。この広い笠岡の海を、干拓することを始めたのが、江戸時代の福山藩主水野勝成である。

徳川二代将軍秀忠は、徳川家に反旗を翻しそうな西国大名に睨みを利かすべく、備後国へ、猛烈な武将水野勝成を配置する。また勝成の伯母・於大《おだい》の方は、徳川家康の母で、家康と勝成は従兄弟の間柄なのだ。勝成は、萩の毛利氏や広島の浅野氏等の、外様大名を牽制する役割を担った、中国地方へ初めて置かれた譜代大名である。伝説によると、当初秀忠は、福山地方と尾道を含む御調郡を領地にするように命じたが、勝成の強い要望で、尾道地方と笠岡地方を入れ替えて貰ったという。

こうして瀬戸内海の要津笠岡と、神島から四国に接するばかりの六島までの、瀬戸内海の中央部にある大小三〇余の島々は、福山藩領となった。この水野時代から現代まで、笠岡の海やそれに連なる島々で、干拓が始まっていく。一六六一年、今の金浦中学あたりの

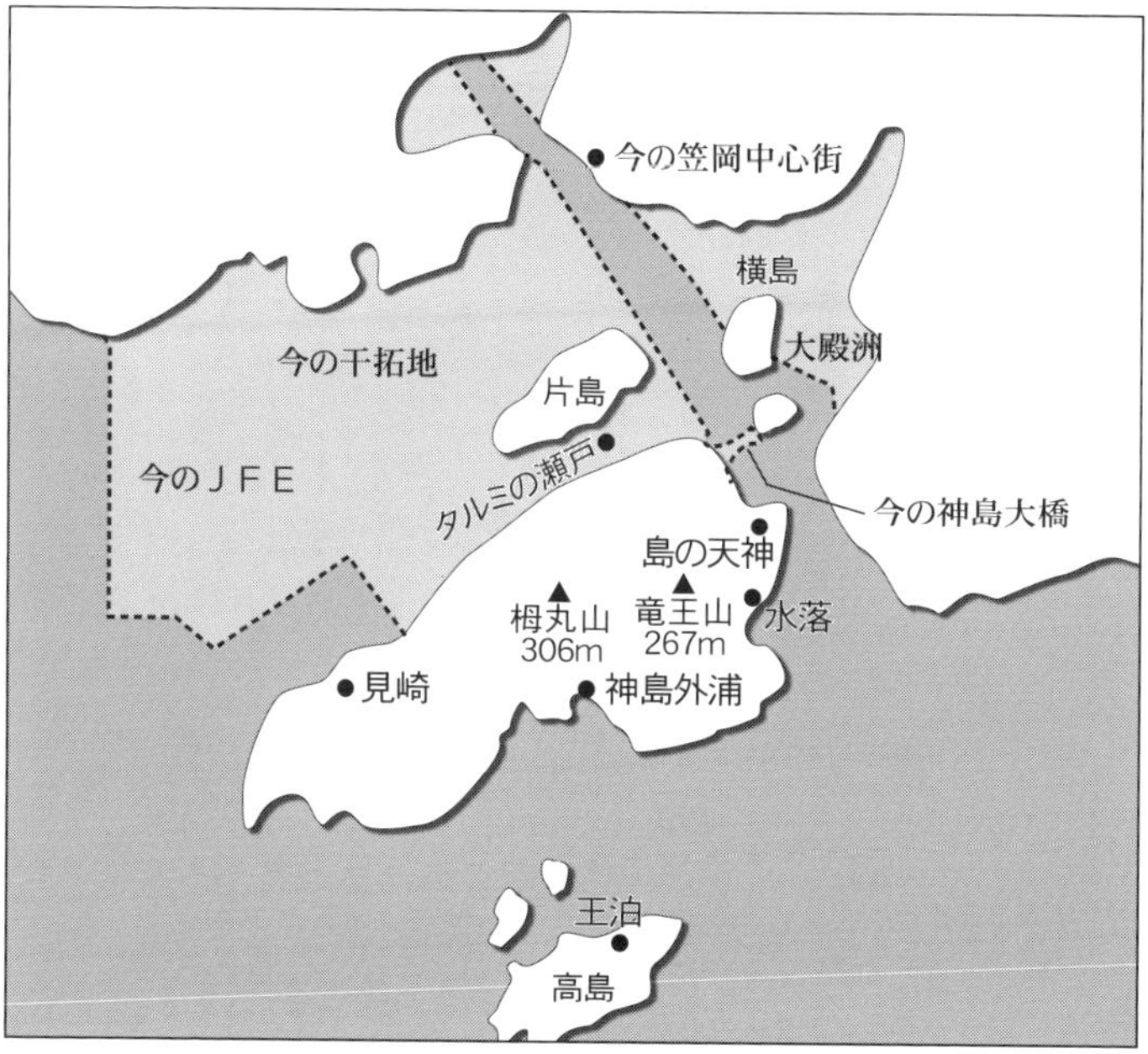

古代の笠岡地方

吉浜新田の干拓を皮切りに、生江、富岡、神島、西大島、白石畠等々へ干拓が進み、農地は広がっていく。さらに現代になっても干拓が続けられ、一九九〇年、遂に笠岡湾の干拓が完了するのである。戦《いくさ》がなくなった一六〇〇年代の干拓は凄まじく、その一〇〇年で日本の農地は二倍になった。山陽地方を例にとると、大雑把にいえば、ＪＲ岡山駅からＪＲ三原駅までの南側はすべて海であったものが、陸地になったということである。

さて磯廻の浦の話に戻ろう。

○島の天神

天神社とは、いうまでもなく菅原道真を祀った神社であり、これを地元の人は〝島の天神〟と呼んでいる。この神社の境内に、一九七六年に地元の人によって建てられた先の遣新羅使の歌碑がある。

昔からこの一帯を〝磯間浦〟と呼んでいたという文献が、残されているからである。たとえば一八五四年（嘉永7）に作成された『備中国巡覧大絵図』には、神島と対岸の大島（本土）の間の瀬戸（今笠岡港へ通じる水路）一帯は「此辺スベテ古《いにしえ》の磯間浦」であると記されている。

〝磯間〟は『万葉集』の原文にある〝伊蘇末（いそみ）〟を〝伊蘇末（いそま）〟と誤写、誤読したところから生まれた言葉で、〝磯廻〟と同じ言葉だといわれている。片島から天神・深方・水落と並ぶ小さな集落の海岸線が、〝磯間浦〟だとすると、ここ天神に歌碑があるのも納得出来る。

この磯間の浦のような、島と陸地の間の狭い水路を島門（しまと・せみど）と呼ぶ。

神島から見る笠岡湾干拓地（カブト町、そしてJFE）

今でも神島の人はこのあたりをせみぞと言う。

江戸時代の笠岡を代表する学者小寺清之（一七七〇〜一八四三）は、彼の著書『備中誌』の中で〝せみぞ〟は〝せみど〟が訛ったものだとしている。

国学者塙保己一（一七四八〜一八二一）がまとめた『郡書類従』の中に、「高倉院厳島御記」がある。

これは高倉院が、息子の安徳天皇に位を譲った後の一一八〇年（治承4）三月、安芸の宮島へ船で行幸された時の記録である。一部を紹介してみよう。


三月二三日、備前国、児島泊に着かせ給ふ。

二四日寅の時（午前四時頃）に、鼓をうちて備中国せみとといふ所に着かせ給ふ。

この〃せみと〃が神島の〃せみぞ〃である。神島水落地区あたりに、天皇が乗るような大きな船が入る港があったことが、窺える記録である。

高倉天皇（院）の后は、かの平清盛の娘徳子であり、この第一皇子が若くして壇の浦で入水した安徳天皇である。平清盛もこの行幸を見送るために、大きな唐（宋）船で途中までやって来たという。

12　神島の磯廻の浦（2）

○神島外浦海岸《こうのしまそとうら》

島の天神の次に〝磯廻《いそみ》の浦〟と考えられるのが、神島外浦の港周辺である。神島外浦や、海を挟んで対面する高島の王泊港は、神武天皇の東征伝説の遺跡だとされている。だから神島外浦港あたりが、古代から瀬戸内海の湊として機能していたことは間違いあるまい。

神島外浦にある神島神社は、聖武天皇（七二四〜七四九在位）の時代七二六年（神亀3）に創建されたと伝えられており、神武天皇とその皇后興世姫命が祀られ、海上交通の安全を祈願する神社である。

したがって七三六年（天平8）の遣新羅使の船が、この外浦海岸に泊ったという説は頷ける。

○見崎地区

神島の西の端の見崎地区が、磯廻の浦と考える人もいる。神島の見崎は御崎とも書き、笠岡と福山の内湾の出口にあたる。見崎にある御崎神社の祭神は、大わたつみ（海神）の神である。大わたつみの娘で、神武天皇の母、玉依姫《たまより》も祀られている。御崎神社の周辺には大きな岩が多く、海辺には、神武天皇が冠をおいたという御冠岩もある。古代から伝承も多く、また岩礁の多い所を〝磯廻の浦〟というならば、見崎地区の海岸も、磯廻の浦の候補地の一つである。見崎は海を隔てて鞆と相対していて、鞆には一番近い湊である。

○神島と片島の間

江戸時代の末期、備後国安那郡芦原村（現・福山市加茂町芦原）の庄屋・出原包彝《かねつね》が著した『海路藻屑《かいろもくず》』という歌日記がある。一九七一年（昭和46）に、加茂神社の神官・石井吉馬氏が編集発行し、日の目を見た冊子である。遣新羅使の時代からすると、一〇〇〇年も時代が下り、笠岡の地形も大きく変わってはいるが、この冊子は磯廻の浦を暗示する面白い資料である。

一八三四年（天保5）三月出原包彝は、当時天領であった安那郡芦原村の年貢米を江戸に届けるために、福山の箕島沖を出航する。その時の往復約一〇〇余日の歌日記が『海路

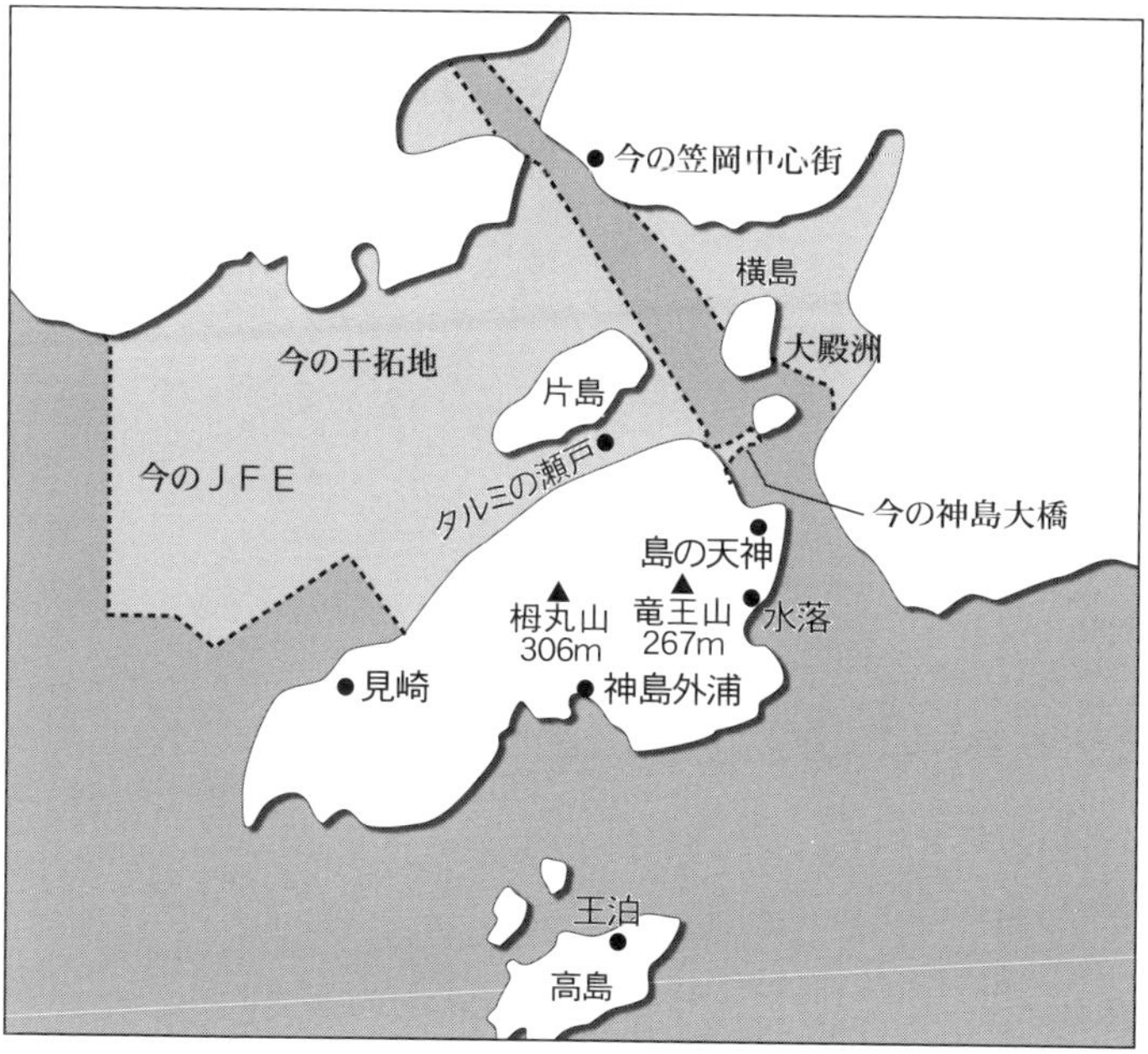

古代の笠岡地方

藻屑』である。江戸時代の豪農たちの知的水準の高さが窺える日記である。福山港から小舟で運んだ米を、箕島沖で、九州筑後の柳川から来た八〇〇石積の大船に積み替え、江戸に向かう。その途中、同じ天領である笠岡の年貢米を積み込むために、笠岡へ立ち寄っている。それでは『海路藻屑』から磯廻の浦に関わる部分を、現代語訳にして紹介してみよう。

如月《きさらぎ》六日

　雨がそぼ降る箕島を出て笠岡をさしてゆく。引野の沖を過ぎ、吉備の国の備後と備中の境を行く。いつしか笠岡湾の沖にある片島といふ所に着き、錨《いかり》を下ろしてここで泊まる。この小さな片島は神島《こうのしま》に属している。

〈翌朝、次の歌を残している〉

ゆく春の
名残ぞかすむ
神島の磯間の浦の
あけぼのの空

〈しかし天領の貢米《みつぎまい》を積んだが、海が荒れて十日以上も船が出せない。〉

弥生十日

　辰頃（午前八時頃）笠岡の片島を出航した。ここは日が高くなると風が強くなって船が出しにくくなるという。なんとかお昼頃神島の御崎を回って、高島と白石の間の海峡に出ることが出来た。白石を越して、いい風と潮に乗って、その日の夕方小豆島に着く。

江戸時代の歌日記に、なんと神島の磯廻の浦が片島であると明記されているではない

1960年代のタルミの瀬戸（神島から片島を見る）
（笠岡市神島公民館 神島史料館）

か。今は地続きとなってはいるが、片島と神島の間の狭い海峡は、かつて〝タルミの瀬戸〟と呼ばれていた。タルミは〝垂水〟と書けば、激しい水の流れを表す言葉であり、「いわばしる垂水の上のさわらびの…」という『万葉集』にある志貴皇子《しきのみこ》の歌をすぐ想い起こす。しかしタルミを〝疲水〟と書けば、満潮となりしばらく潮の流れが停止する状態の、潮疲《しおだ》れのことを指す言葉になる。タルミの瀬戸とは後者のことである。

片島の小さな丘の上で、農地になってしまったかつてのタルミの瀬戸を見下ろしていると、ひとりのお婆ちゃんが墓参りに上って来た。お婆ちゃんの話を聞いた。

私の子供の頃は、この海でよく遊んだものでした。潮の流れがゆっくりとしていたので泳いだり、潮干狩をよくしていました。

この下の波止から、むこうの神島の波止まで伝馬船で渡っていました。

このタルミの瀬戸は、一九六六年（昭和41）から始まった、国営笠岡湾干拓建設事業で地続きになってしまった。道の駅・笠岡ベイファームは、かつての片島のすぐ南にある。片島は、磯廻の浦の四つ目の候補地である。

三五九九番の歌は、「月の光が清らかなので、神島の磯辺の浦から　私は船を出すよ。」と詠っている。前述したように難波津を旧暦の朔日に出発したと考えられるので、神島を出航するのは六月四日の宵となる。神島あたりの旧暦の六月の日没は、午後七時半頃になる。三日月に近い月齢三・四ぐらいの月が、西の空に姿を見せるのは、日没後である。神島での月の入りは午後九時頃なので、その間に船を出したことになる。おそらくこの日は穏やかな好天だったのであろう。危険な夜に、あえて船を出して、更に先へ進もうとしているのである。神島の磯廻の浦で、満潮（湛之）の間は潮待ちをして、これから始まる下げ潮に乗って、一気に鞆へ向かおうとしているのである。しかし神島には栂丸山（三〇六メートル）や竜王山（二六七メートル）などの高い山が連なっているので、島の東海岸では四日目の月は早く山に沈んでしまう。すると島の天神や外浦海岸は、この歌の情景には即さない。

清らかな月が、遠く沼隈半島の山々に沈む間に船を出すというのならば、磯廻の浦は、見崎海岸か、タルミの瀬戸でなければならない。

遣新羅使の船は、月に照らされて、きらきら輝く夜の海を、鞆の浦を目指したのである。

Ⅱ　遣唐使と遣新羅使

1　遣唐使の話（1）

笠岡の神島を出た遣新羅使の船は、月の光を頼りに、夜の海を一路鞆の浦を目指す。しかしなぜ危険な夜の海を行ったのだろう。また行く事が出来たのだろう。それは旧暦の六月の瀬戸内海を、よく知る備中・備後の船頭や水夫《かこ》がいたからである。難波から新羅までの旅には、瀬戸内海や玄界灘などの、それぞれの地域の海を知り尽くした海人《あま》の男たちが、集められていたという。

この時の遣新羅使は、宵の口に神島を出て、八浬《かいり》（約一五キロ）先の鞆の浦を目指した。しかし鞆の浦に寄る事なく、鞆の浦の仙酔島の南を通過し、そこから一気に田島・横島の南を行き、向島と因島の間の布刈瀬戸《めかりせと》を抜けて、長井の浦（三原市糸崎町）へ泊っている。海が穏やかなうちに鞆沖を越して、島陰で潮待ちをし、次の下げ潮で潮の流れが速く危険な布刈瀬戸を、朝一番に乗り切るための、夜の神島出発であったのだろう。倉橋島でも夜に船出をして、山口県の急流大畠瀬戸を抜けている。前述したように島伝いに行く遣新羅使の船は、多くの人員と貢物を乗せて東シナ海を突き切る遣唐使の船より、一回り小さかったといわれている。だから喫水線の深い遣唐使船の方が、瀬戸内海でもやや沖合を行ったと考えられている。神島よりはるかに南に位置する大飛島へ、遣唐使船の祭祀遺跡があるのは、遣新羅使と遣唐使の航路が異なっていたという証であろう。

遣新羅使が残した『万葉集』の歌は、それ以上のことは教えてはくれない。

いずれにしろ遣新羅使や遣唐使等の古代の船旅は、死と隣合せの、極めて危険で恐ろしいものであった。

それでも遣新羅使や遣唐使・遣渤海使たちは、恐ろしい海を越えていったのである。

彼らは一体、どのようにして船団を作り、どの海を渡り、何を持って行き、何を持って帰ったのだろう。残念だが、遣新羅使についてでは資料が極めて少ないので、遣唐使の資料を引用しながらその旅の中味を考えてみよう。

ちなみに遣唐使は一五回、唐からの返礼は二回、遣新羅使は二五回、新羅から日本への使いは四七回記録されている。渤海は今の中国東北地方から、ロシアの沿海州に広がる国家で、六六八年に唐と新羅連合軍によって滅ぼされた、高句麗の末裔の国であるといわれている。

七二七年九月、出羽国（秋田）の海岸に、渤海からの第一回目の使節二四名が漂着した。

ところがこの使節の大部分は、この地に住む蝦夷《えみし》に殺害されてしまう。辛うじて生き残った八名がその年の暮、なんとか奈良の都へ辿りつき、聖武天皇に謁見し、渤海国王の国書と、貂《てん》の毛皮などの名品を献上している。爾来、渤海が契丹《きったん》に滅ぼされるまでの二〇〇年間に、三四回の使節を遣《よこ》している。日本からの使節は一三回である。この渤海との交流には、東北北陸を中心とする日本海の港が利用された。日本海側の港からは、陸路を経て都へ向かうので、この国の使節は瀬戸内海を利用しなかった。

前述したように新羅や渤海とは頻繁に交流しているのに比べ、日本から唐への使節は二六〇年間に僅か一五回、唐からの使節はたったの二回である。

新羅や渤海は、唐への使節を毎年一回は派遣している。この朝貢の回数が、当時の唐を中心とする東アジアの国家間の力関係を如実に表している。

渤海や新羅にとって、唐との良好な関係こそが国家の安全に繋がっていた。日本の唐に対するあつい思いに比べ、唐の日本への思いは薄かったのである。

遣唐使は、約二〇年に一度の、国威を発揚するための大プロジェクトであった。遣唐使が企画されると、遣唐使用の特別な船の建造が西日本の各国に命ぜられる。遣唐使の時代の後半になると良質の木材と、優秀な船大工がいる安芸国がその役目を担うことが多かった。〝船木〟という地名が残る所が、遣唐使船等の古代の船の木材の調達地であることが多い。遣唐使船は、初期は二艘、後期は四艘で派遣された。初期においても、当時中国や朝鮮半島では例を見ない、一二〇人もの人が乗れる大型船が造られた。その頃は、新羅との国交が良好であったので、壱岐・対馬から朝鮮半島西側を通り黄海を横切って山東半島に辿り着く、比較的安全な〝北航路〟が利用出来た。ところが新羅との関係が悪化した後半には、博多から五島列島へ行き、ここから荒れる東シナ海を一気に横断するという〝南航路〟を行かざるを得なくなった。

寄港することの出来ない東シナ海を行くための四艘の船は、更に巨大化し、一艘に一五〇人以上の人が乗れる、当時としては桁はずれの大型船になった。その背景には中国の政治・文化を取り入れ、強い国家を作ろうとする朝廷の意志がある。滅多に行かない遣唐使なので、各分野の留学生の人員を増やし、使節団が次第に大きくなっていった。

また巨大船が造れるという、日本の力を誇示しようとする意図もあったであろう。東シナ海を行くには、中国や新羅の六〇人位が乗れる中型船の方が、材質的にも構造的にも波風に強く、操船もしやすかった。

大型化した日本の遣唐使船は、波風を受け、難破、漂流、座礁することを繰り返した。長い遣唐使の歴史の中で、派遣された船団が、そのまま無事に帰って来ることが出来たのは、ただの二回である。

大唐帝国の皇帝に、朝貢国の使節が謁見を許されるのは、皇帝が主催する新年の賀である。各国の使節は、その日から逆算して、故国を出て長安に向かうことになる。するとと日本からの使節が出発するのは、台風シーズンと重なり、更なる悲劇を誘発する。命懸けで日本を出た遣唐使船が、東シナ海で木の葉のように揉まれた後、黄色の海に辿り着くと、お互いに抱き合い、手に手を取って声をあげて泣いたという。

黄色の水を湛えた海に入ったということは、黄河の河口に近づき、中国大陸がすぐそこにあり、この往路の旅が無事に終ったことを意味していたからである。

2　遣唐使の話（2）

壬申の乱（六七二年）が終ると、国も安定し、中国に倣《なら》った律令体制が整ってくる。八世紀になると、三〇年以上もの長い間、中断されていた遣唐使が再開される。朝廷は、唐のような強い国家作りを目指すために、遣唐使を派遣して、秀れた唐の政治や文化を取り入れようとした。

第八回遣唐使（七一六年）からは、巨大な四艘の船が建造され派遣されたので、遣唐使船のことを、「四《よ》つの船」と呼ぶようになった。

「四つの船」には約六〇〇名近い使節が乗り込んでいたので、一艘には約一五〇名あまりの使節が乗っていたことになる。大使、副使、判官、録事などの国の高級役人は、それぞれの船に分かれて乗船した。また訳者《おさ》と呼ばれる通訳も分かれて乗船した。中国語は言うまでもなく、新羅語、奄美語などの通訳もいた。船がどこに流れついてもよい準備でもある。

それ以外の乗組員を次に紹介してみよう。その構成員をみると、遣唐使の目的が浮かび上ってくる。

長期留学生（次の遣唐使が来るまで帰れない）・短期留学生（一年余り滞在し、乗って来た船で帰る）・楽師（集団行動の時、音楽で合図を送る）・ガラス工人・鍛冶工・鋳物師・木工職人など。

留学生の中には、二〇～三〇年間唐に滞在して、勉強する者もいた。阿倍仲麻呂や吉備真備は、長期留学生の代表的な人である。しかし阿倍仲麻呂は三六年ぶりに帰国を試みるが、船がベトナムまで流され日本へ帰ることは出来なかった。使節の中に多くの職人がいるのは、寺院や仏像を作る技術を習得させるために、派遣したのであろう。遣唐使が、一番恐れていたのは、やはり海難事故である。だから安全な航海を補助する人達も多く乗船していた。

四艘にはそれぞれ船長、船大工、柁師（操船の頭）、操舵手、水夫長《かこちょう》と、多くの水夫（船こぎ）がおり、おそらく乗組員の半数は、これらの人であったと考えられている。さらに船の安全を祈願する神主、船旅を占う占師、陰陽師、そして海賊と戦う弓の名手も乗り込んでいた。

中心的なメンバーには、出発前に朝廷から多量の金貨や高級な衣などの餞別が与えられた。彼らはそのお金で、揚州周辺で多くの経典や文物、そして陶磁器等を買い付けて帰国した。中国の歴史書である『旧唐書・日本国伝』等には、日本からやってくる遣唐使が、他の国の使節と違って、きわめて優秀で真面目だったことが記録されている。

日本からの使節は、進んで儒学の講義を受け、また儒学の祖である孔子の廟に詣でることを望む。帰国する時は、皇帝から下賜された物を金に換え、多くの書物を購入して持ち帰る。
（『旧唐書』より）

世界に冠たる唐帝国には、アジアは言うに及ばず西欧からも多くの商人達が富を求めてやって来た。西欧と中国の交流路を、歴史的には〝シルクロード〟と呼ぶが、日本と中国の交流路は、特別に〝ブックロード〟と呼ぶ。古来から日本人は、知を求めることが好きで、極めて向上心の高い民族であったようだ。

それでもやはり遣唐使は、命を賭けた危険な旅であったことに違いはない。驚くことに、この遣唐使を、仮病を使って拒否した男がいる。

第一二回遣唐使（七七五～七七八）の時の事である。七七五年（宝亀6）六月、光仁天皇は、佐伯今毛人《さえきいまえみし》を大使とした遣唐使を任命した。この大使が仮病で遣唐使を拒否した男

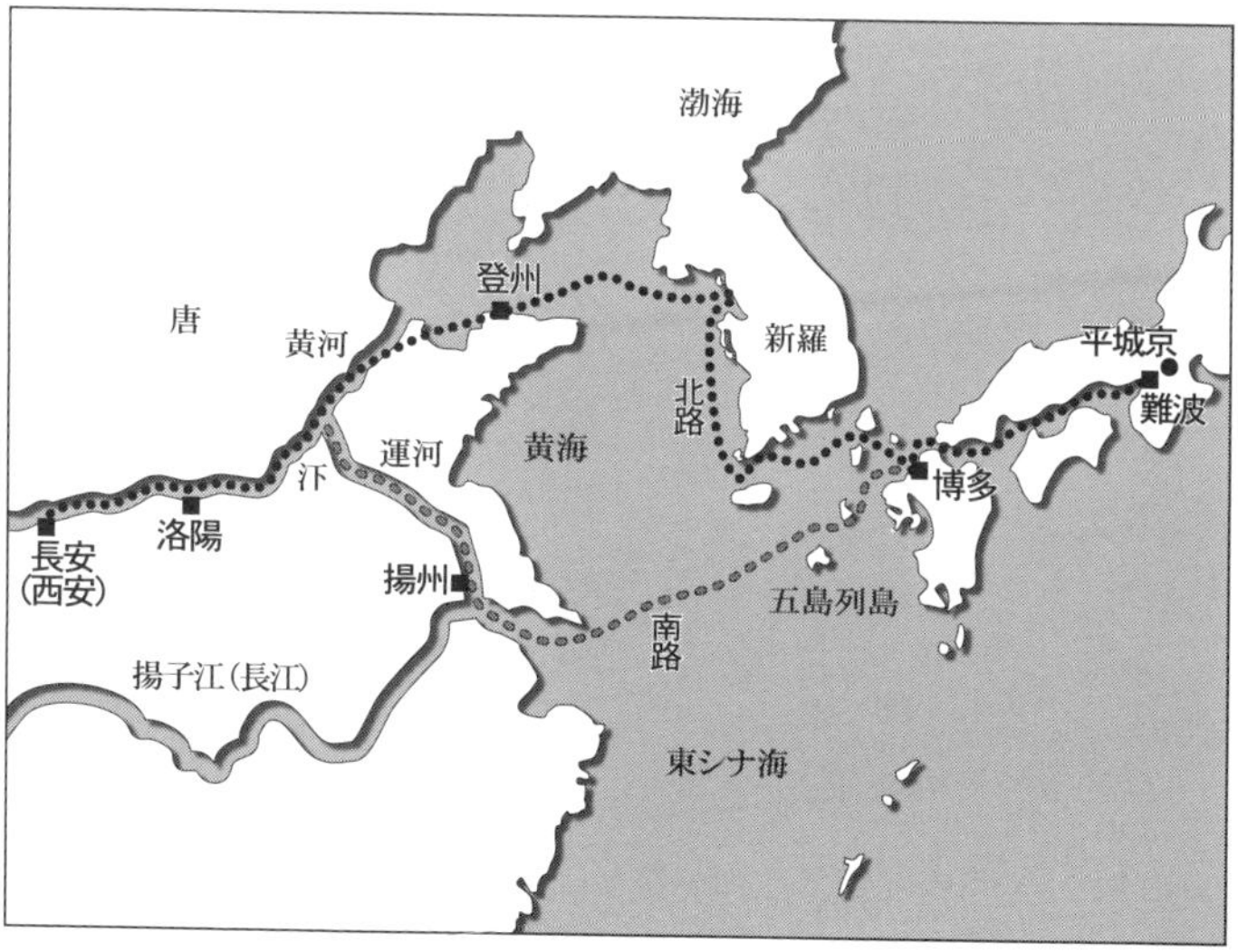

遣唐使の航路図

である。翌七七六年春、佐伯今毛人の使節団は、安芸の国で建造されたばかりの新しい四つの船で、難波津を発ち、太宰府に向かう。閏八月には五島列島の中通島にある合蚕田《あいこだ》の港（中通島・上五島町の相河《あいご》あたり）に到着し、ここで風待ちをしている。ところがこの使節は、勅命を守らず、勝手に太宰府に引き返して、朝廷に対して次のような上奏文を送っている。

　私達は肥前国合蚕田浦に到着し、長い間東シナ海を渡るための良い風を待っていますが、もう秋の季節になり、逆風が吹くばかり

です。出来れば来年の夏まで渡海を延期させていただきたいのです。（『続日本紀』より）

前代未聞の、遣唐使の任務拒否である。しかし、佐伯今毛人が、大伴氏と並ぶ武門の名家の出身で、また東大寺や西大寺の造営に実績を残した高級官僚であったからであろうか、なぜか上奏文は受理される。そして朝廷は、次のような回答を出している。

「要望を認めよう。それでは来年出発しなさい。一行はそれまで九州に留まっていなさい。」

ところが五七歳になっていた佐伯今毛人は、よっぽど遣唐使に嫌気がさしていたのだろう、命令を無視し、一一月には一人で都へ帰ってしまう。

翌年佐伯今毛人は、再び遣唐使に任じられる。四月一七日、天皇に出発の挨拶をし、今から都を出発しますという辞見の儀式が行われた。ところが佐伯今毛人は天皇に会った後、朱雀大路を南下し、羅城門まで来ると、病気だと言ってそこで動かなくなってしまう。『続日本紀』には、「病いと称して留まる」と記されている。歴史書の著者も、今毛人の周辺の人も〝仮病〟と確信していたのであろう。

しかし逆らうことの出来ない勅命なので、四月二二日、今毛人は輿に身を横たえて難波に向かう。だが〝仮病〟が治るわけがない。遣唐使の計画が流れることを危ぶんだ朝廷は、とうとう彼の任を解いてしまう。こうして大使がいない、異例の遣唐使が出発することになった。

3　遣唐使の話（3）

千何百年もの昔、沼隈半島や田島そして尾道や向島等の瀬戸内海の沿岸部や島嶼部に住んでいた私達の祖先は、何年かに一度、沖合を通る、朱の鮮やかな船体と二本の高いマストを持つ巨大な船に、目を瞠《みは》ったに違いない。

その四艘の船が、隣の安芸の国で造られたことや、その船に奈良の都の偉い役人と、海の向こうの唐の国の皇帝に貢ぐ宝物が、満載されていることも知っていた。この船が、備後の狭い海峡を行く時は、この海のことをよく知る地元の海人が乗り込んでいたので、彼らから「四つの船」のことを伝え聞いているのだ。

言うまでもないが、レーダーも羅針盤も無かったその時代、船を安全に動かすには、太陽と月と潮を観察しながら、島影を目視して進む、地元の熟練した海人の助けが必要であった。唐へ行く船を造らされることも、その船を安全に航海させることも、民衆に割りあてられる税の一部であった。

遣唐使が往った鞆の海（後山から）

それでも遣唐使の旅は、今のどんな旅にも比較することのできない、危険きわまりないものであった。その遣唐使の歴史の中でも、とりわけ数奇な旅を経験した、一人の男の話を紹介してみたい。

その男は、第九回遣唐使（七三三年）に派遣された判官平群《へぐりの》朝臣《あそん》広成《ひろなり》である。平群広成は、遣唐使に任命されたばかりに、七年余に渡る東アジア漂流・遭難の旅をすることになる。過酷な広成の旅を追体験してもらうために、彼の生きた時代の日本と、中国を中心とする東アジアの状況を少しだけ説明しておこう。

七世紀になると、日本は友好国百済を支援するために、朝鮮半島白村江で唐・新羅連合軍と戦い、大敗を喫する。さらに国内でも壬申の乱という内乱がおこり、戦争がうち続いた。戦争が終わり八世紀になると、天智天皇の娘で女帝・元明天皇や藤原鎌足の息子、藤原不比等が中心になり、律令体制を完成させ、藤原京の北に、新しい都平城京を造っていく。これらの体制づくりは、三二年ぶりに復活した七〇一年の遣唐使が、もたらしたものである。この後、唐の文化の影響を受けた、仏教的な貴族文化が栄える天平時代（七二九〜七四九）が現出した。

天平は奈良時代の年号で、聖武天皇の在位とそのまま重なっている。平城京は、東西五・八キロ、南北四・八キロの大きな街で、北端中央の平城宮から南の羅城門まで、幅七五メートルの朱雀大路が伸びる美しい都・平城京であった。最盛期には、人口一〇万人をはるかに越える大都市であった。その都の有様を詠ったのが、小野老《おゆ》の次の歌である。

あをによし　奈良の都は咲く花の　薫《にお》ふがごとく　今盛りなり

（『万葉集』巻三・三二八）

聖武天皇（七〇一〜七五六）と不比等の娘である光明皇后は、仏教による治世を願い、全国に国分寺や国分尼寺を建築し、またその総本山としての東大寺と、大仏殿の建立に精根を傾注した。多くの遣唐使や遣新羅使の派遣は、ハードとしての寺院建築と、ソフトとしての仏教の教義の学習を目的とするものである。

また東大寺の大仏を飾る、金箔の輸入も大きな目的であったようだ。ところが天平最後の年にあたる天平二一年（七四九）の二月に、この国にはないと思われていた黄金が、陸奥国（宮城県）ではじめて発掘され献上された。高さ約一六メートルの大仏は、その金によって鍍金《ときん》されることになった。大仏には金四四〇キロ、銅四九九トンが使われている。東北地方の、黄金伝説のはじまりである。また、かの唐の名僧鑑真も、七五三年に日本にやって来て、退位したばかりの聖武太上天皇に、仏門に入る者が戒律を受けるための儀式である〝受戒〟を施している。

日本の天平時代は中国では唐（六一七～九〇七）の全盛時代と重なっている。唐の都は長安（現在の西安）である。時の皇帝は第六代の玄宗（在位七一二～七五六）で、在位は四四年の長きに渡り、唐の二〇人の皇帝の中で、もっとも長い間皇帝を務めた男である。一五回派遣された日本の遣唐使は、玄宗の在位中七一七年（養老1）、七三三年（天平5）、七五二年（天平勝宝4）と、三回派遣されており、玄宗は日本に最も大きな影響を与えた皇帝であろう。玄宗は、長い在位期間の前半は、ぜいたくを禁止するなどの善政を展開し、唐の全盛時代を築いた。文学も花開き、李白、杜甫、王維などの、日本人にも愛される有名な詩人が生まれた。しかし後半は、かの歴史的美人楊貴妃との歓楽的生活に耽り、政務を怠って安史の乱を引き起こすことになる。

玄宗時代、長安は人口約一〇〇万人の世界最大の都市で、ユーラシア大陸の各地から異邦人が集まり、国際的な文化交流都市となっていた。

長安にはインド、ペルシャ、ベトナム、渤海、新羅等からやってきた人々の、それぞれのコミュニティが出来ていたようで、仏教、道教はもちろんのこと、キリスト教（景教）、ゾロアスター教、マニ教、イスラム教などの寺院も存在していた。

ここでとりあげる七三三年度の遣唐使の帰路の第二船には、後に大学頭になる唐僧・遠晋卿《えんしんけい》や、東大寺の大仏開眼会《かいげんえ》の導師をつとめることになるインド僧・菩提遷那《ぼだいせんな》やペルシャ人・李密翳《りみつえい》などが乗っていた。唐の都には、世界の賢者が集まっていたのである。

唐は特に外国人にも寛大で、科挙という官吏登用試験に合格すれば、どこの国の人でもこの国の高級な役人になることが出来た。余談であるが、そういう外国人や日本からの遣唐使の幹部達は、進んで唐名を名乗っていたようだ。ちなみに遣隋使の小野妹子は蘇因高、安倍仲麻呂は仲満と名乗った。仲麻呂は科挙に合格し、高級官僚となり、玄宗に気に入られ、朝衡という名も授けられた。仲麻呂は文学にも造詣が深く、李白や王維とは特に仲が良かった。

国際都市長安ならではの、面白い話を一つ紹介しておこう。

詩仙・李白の両親は、中央アジアのトルキスタンの出身なので、李白は長身で髪が赤く目が碧かったという噂がある。しかしその真偽は定かではない。

さて平群朝臣広成の話に戻ろう。

七三三年（天平5）四月三日

大使・多治比《たじひ》広成《ひろなり》

副使・中臣名代《なかとみのなしろ》

判官・平群広成

田口養年富《やねふ》

紀馬主《きのうまぬし》

秦朝元《はたのちょうげん》

右の顔ぶれがリーダーとなって、総員五九四名が「四つの船」に分乗し、難波津を出港した。

この時の遣唐使が、作家井上靖の代表作『天平の甍』のモデルになっている。この船のどれかに乗っていたのが、鑑真を日本に招くために奔走した、二人の僧、栄叡と普照である。

4　遣唐使の話（4）

七三三年度の遣唐使は、四艘とも瀬戸内海を無事に抜け、博多の大津で、船の点検をし食糧や水等の準備を整え、最後の寄港地五島列島に向かった。五島からは、一気に東シナ海を渡って中国大陸を目指すことになる。

その年の八月に四艘とも無事に、揚子江河口の蘇州周辺に到着した旨が、唐側の記録に残されている。この時の遣唐使は、ほぼ同じ日に、ほぼ同じ所に到着した珍しく幸運な航海であった。前述したように、八世紀になると、遣唐使は博多から五島列島を経て揚子江河口へ向かう、いわゆる〝南路〟という航路をとるようになったが、現在のように目的地に、ピンポイントで計ったように到着することは難しかった。だから「四つの船」が、何日いや何十日も違う日に、何十キロいや何百キロもはずれた揚子江のどこかの海岸に辿り着けば、渡海は成功したことになる。到着した所で現在地を確認して、揚州（時代によれば越州や明州）に向かうことになる。揚州は、当時揚子江と黄河を結ぶ運河交通の最大の

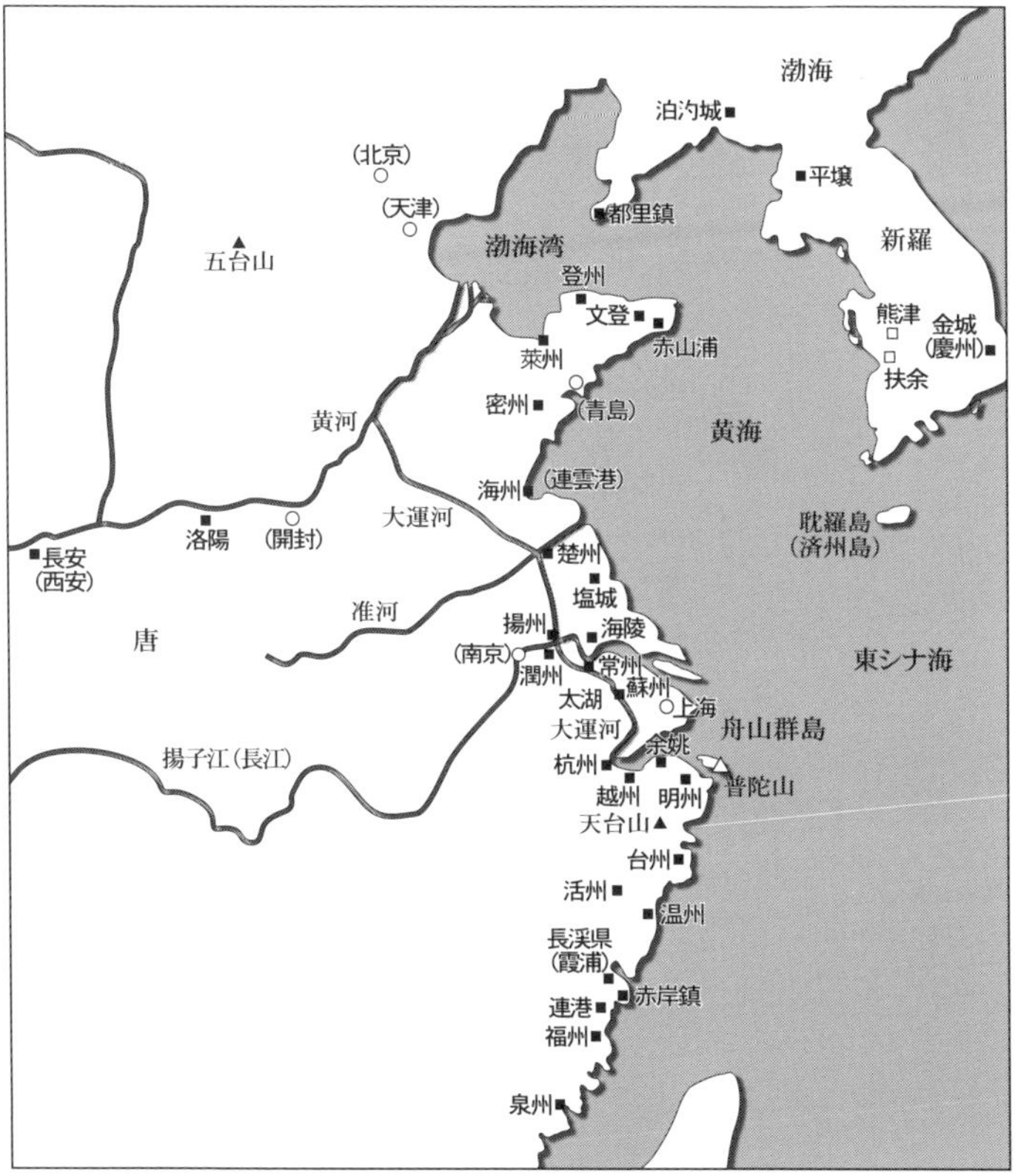
渤海
泊汋城
(北京)
平壌
(天津)
都里鎮
五台山
渤海湾
新羅
登州
熊津
金城
文登
(慶州)
赤山浦
萊州
扶余
密州
(青島)
黄河
黄海
海州
(連雲港)
耽羅島
(済州島)
洛陽
(開封)
大運河
長安
(西安)
楚州
塩城
淮河
揚州
海陵
唐
(南京)
常州
東シナ海
潤州
蘇州
太湖
上海
大運河
舟山群島
余姚
揚子江(長江)
杭州
越州
明州
普陀山
天台山
台州
活州
温州
長渓県
(霞浦)
赤岸鎮
連港
福州
泉州

遣唐使関連中国（唐）略図

港で、遣唐使の「四つの船」は、それぞれの到着地から揚子江をさかのぼって揚州で落ち合うのである。ただし今回は揚州ではなく蘇州に入港し、都も長安ではなく洛陽が利用されている。〝日本からの遣唐使来たる〟という報が、揚州から都・長安へ伝えられると、中央政府から、都で、皇帝に謁見できる人数や日程等が示される。六〇〇名近い使節の誰しもが、長安に入れる訳ではない。都へ入れる人数は、使節の一割にも満たないことが多かった。その他の乗組員達は、入京者が帰ってくるまでの約半年から一年間を、揚州等の地方都市で、待つことになる。待ちながら様々な唐の文化を学び、また多くの土産品を買いつける。彼らが持ち帰った物は、宮中で開かれる市で、貴族達が買い漁ったという。唐代に繁栄した揚州も、揚子江が運んでくる土砂の堆積で、大型船が入れなくなり、次第に衰微してゆき、今では地方の小さな町になってしまった。

さて七三三年四月に難波を出た遣唐使は、都で玄宗皇帝の篤い応接を受け、使節としての任務を果たし、翌七三四年一〇月、「四つの船」と、残されていた随員が待つ蘇州に帰って来る。

そして蘇州から同時に帰国の途についた。ところが外海に出た直後、激しい暴風雨に襲われ、「四つの船」はバラバラになってしまう。「四つの船」の運命を、日本と中国の史料によって簡単に追ってみよう。

第一船　大使・多治比広成指揮。

揚子江の南の越州に流されたが、一一月二〇日には、種子島になんとか辿り着き、翌七三五年三月一〇日、平城京に帰還することが出来た。

第二船　副使・中臣名代指揮。

東南アジアまで流され、なんとか中国・広州にまで帰るが、そこで船を失ってしまう。玄宗はこれを憐れみ、船を与え、彼らの帰国を全面支援したので、翌七三六年五月に無事に大宰府に帰り、八月には都へ入って帝に謁見している。実に三年半に渡る苦難の旅である。前述したように、この船で東大寺大仏開眼会の導師となるインド僧・菩提遷那《ぼだいせんな》等の、国際色豊かな知識人が来日している。

第三船　判官・平群広成《へぐりのひろなり》の、七年余の数奇の旅は、後述する。

第四船　判官・紀馬主か、田口養年富が指揮していたと考えられているが、行方不明となり、全員が死亡したようである。

（注）第一船の大臣・多治比広成と第三船の平群広成は、よく混同されるが別人である。

○平群広成の漂流

平群広成の第三船には、一一五人が乗っていた。楚州から外海に出た直後、暴風に遭い、他の三船を見失い、とうとう崑崙（今のベトナム）近辺の海岸に流れ着く。それから生死の境を彷徨い、難波津を出てから七年半後、なんとか出羽国（秋田県）へ帰り着く。

平群広成の、七年余に渡る苦難の旅がよく分かるのは、六国史の一つである『続日本紀《しょくにほんぎ》』という歴史書の中に、帰って来た平群広成の、帝への報告が記されているからである。四〇巻から成る『続日本紀』の、第一三巻・聖武天皇の頃の天平一一年一〇月一一日条に平群広成の事が記されている。

○丙戌《へいじゅつ》（ひのえいぬ）入唐《にっとう》使判官外従五位下　平群朝臣広成　并《あは》せて渤海《ぼっかい》の客《まらひと》ら京《みやこ》に入る。

右のようなタイトルに続いて、広成の七年余に渡る漂流記が次のように記載されている。書き下し文は『新日本古典文学大系』の『続日本紀二』（岩波書店）から、訳は『遣唐使　阿倍仲麻呂の夢』（上野誠、角川学芸出版、二〇一三年、九三～九四頁）から引用する。

丙戌（十月二十七日）入唐使の判官である外従五位下平群朝臣広成と渤海からの客らが入京。

十一月辛卯（三日）平群朝臣広成が朝廷に参上した。はじめ広成は、天平五年に、大使の多治比真人広成に随って唐に入った。六年十月に官命を完了して帰国する時、（帰国する遣唐使船）四船が時を同じくして蘇州を出発して海に入った。（ところがその時に）悪風が突然に起き（四艘の船は漂流して）それぞれ他船を見失ってしまった。（平群）広成の船の百十五人は崑崙国に漂着。そこに賊兵がやって来て包囲され、ついに捕虜となってしまった。船人たちは殺害される者もあり、逃げ去る者もあり四散。そうしてようやく生き残った者のうち、九十人余りは熱病を患って死亡したのであった。広成ら四人だけがわずかに死を免れ、崑崙王にようやく謁見することができた。よって、どうにかわずかばかりの食料を与えられ、よくない場所に置かれ、幽閉された。（天平）七年に至って、唐国欽州（現在の広西チワン族自治区、トンキン湾に面する街）の（唐に）帰順している崑崙人がいて、その地にやって来るということがあった。広成らはこの帰順した崑崙人に助け出されて、ひそかに船に乗せられ、脱出に成功してようやく唐に帰り着くことができた。そうして日本の留学生の阿部仲麻呂に逢い、そのとりなしによって事態を玄宗皇帝に奏上して、宮中に参内することがかない、皇帝に対して渤海経由の路を通って日本に帰ることを請願した。玄宗皇帝はこれを裁可し、広成らに船と食糧を下賜して、帰国の途につかせた。（天平）十年三月に登州（山東半島北部山東省牟平県、遼東半島に渡る要衝の地）より海に入って、五月に渤海の境域に到着した。たまたま、その時期は渤海国王・大欽茂《だいきんも》が日本への使いを派遣して、わが大和の朝廷に参内させ、あいさつをさせようとしている時であった。ために、その遣日本使に同行して出発した。（しかし）煮えたつ湯のごとき荒れた海を渡る途中、渤海の船の一隻は大波にあって転覆。大使の胥要徳ら四十人が溺死した。（こうして）広成は生き残った人びとを率いて出羽国に到着したのである。

5 遣唐使の話（5）

平群広成《へぐりのひろなり》の大航海について、もう少し分かりやすく説明したい。

七三四年（天平6）四月、遣唐使は洛陽で玄宗皇帝に謁見し、天皇から託された極上の絹や金銀等の色とりどりの朝貢品を献上した。任務を終えた遣唐使の「四つの船」は、その年の一〇月、蘇州から懐しい日本へ向かって出航する。外海へ出るやいなや、暴風に曝されて漂流する。一一五人の乗った広成の船は、南へ南へと流され、崑崙国《こんろん》（ベトナム）に漂着した。しかしそこで乗組員のほとんどが賊に殺されたり、マラリア等の病気に倒れたので、広成と水夫《かこ》三人だけが生き残った。広成らは、何とか崑崙国王に面会することは許されたが、その後監獄のような所に幽閉されてしまう。当時中国では、肌の色の黒いマレー系などの南方諸国を、まとめて崑崙国と呼んでいた。広成が漂着したのは、崑崙国の中の林邑国《りんゆう》だといわれている。林邑国は、ベトナム中南部にあったチャンパ国の、中国名のことである。この厳しい状況から四人を救い出したのは玄宗皇帝である。皇帝の側近にまで登りつめた、高級官僚阿倍仲麻呂の大きな力が働いたのである。

蘇州を一緒に出発した第二船（中臣名代《なかとみのなしろ》指揮）が、同じ嵐に遭い福建省あたりまで漂流し、船を失い、玄宗皇帝から船を下賜されて帰国したことは、前に述べた通りである。その中臣名代には、玄宗皇帝から聖武天皇への手紙（国書）が托されていた。この写しが中国側に残されているので、平群広成の救出のおおかたが分かるのである。

その国書の一部を紹介しよう。

…朕（玄宗皇帝）は聞いている。平群朝臣広成等が漂流して林邑国にいるということを。彼の地は異国であるので、言葉は通ぜず、掠奪を受けたということを。ある者は殺され、ある者は奴隷として売られてしまったということを。かの災難のことを、彼らのことを思いながら聞くと、聞くに忍びないところである。かくのごとき事情とあらば、林邑国は日ごろからわが唐朝に朝貢している国であるからして、朕はすでに安南都護府《あんなんとごふ》に勅令を下し、勅語を広く告示して、見つかった人びとを唐に連れ帰るように命令を下したのである。

（上野誠『遣唐使　阿倍仲麻呂の夢』角川学芸出版、二〇一三年、九六〜九七頁）

（注）

都護府…唐が周辺諸民族を支配するために辺境に置いた役所。

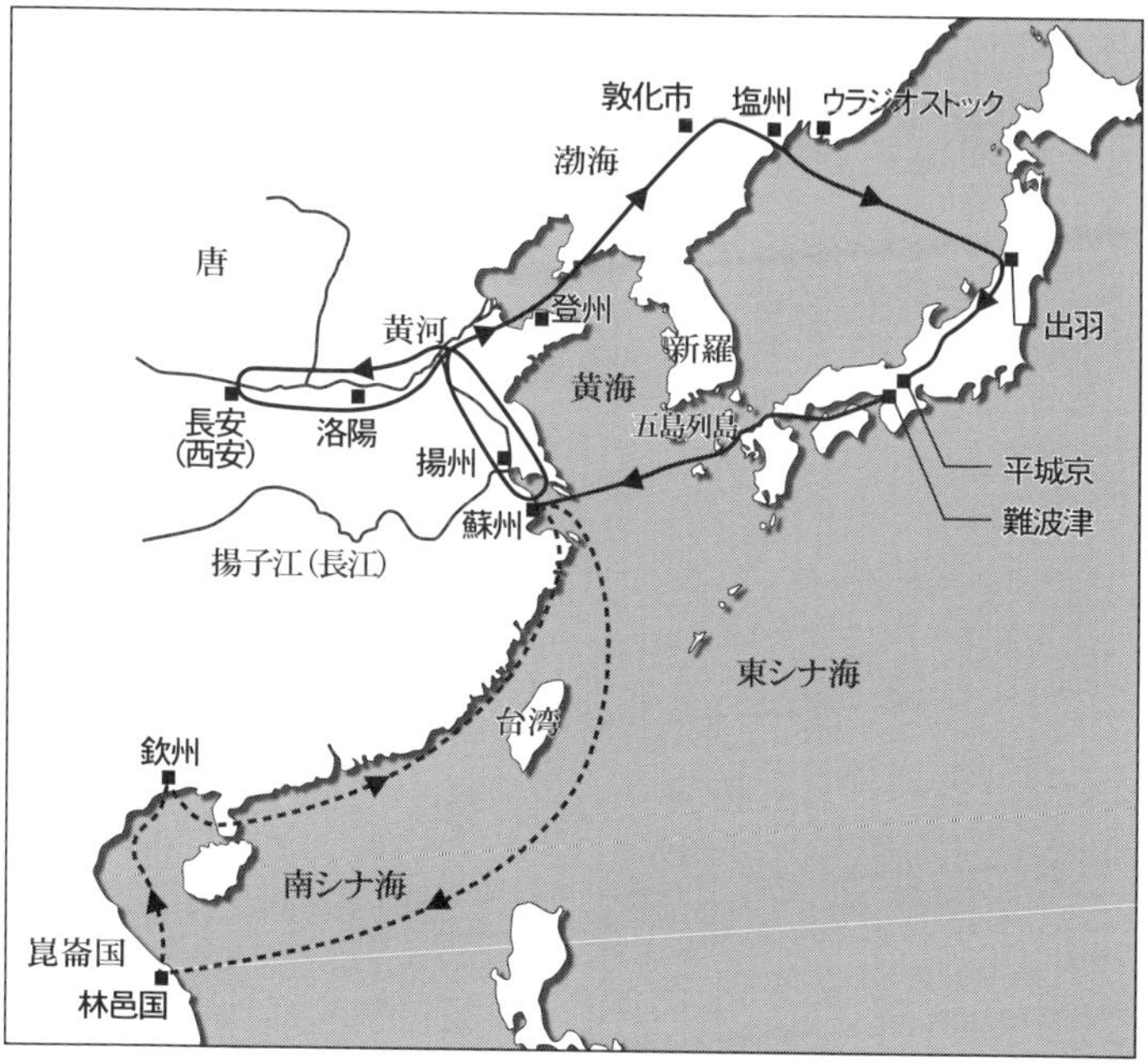

平群広成航海・漂流経路想定図

安南…唐が、ベトナムを呼んだ呼称。

この時点で唐は、広成が林邑国で捕われ、幽閉されていることを知っていたのである。さらに林邑国は唐の支配下にある国なので、救出すると明言している。この国書を見るだけで、一三〇〇年前の唐という国の、アジアにおける絶対的な強さや情報収集能力の高さが窺われる。

七三五年（天平7）、玄宗の命を受けた欽州の役人が、林邑国に入り、広成ら四人を助け出した。欽州はベトナムと接するトンキン湾に面する港町で、現在の広西チュアン族自治区にある。こうして四人は唐の都、長安へ帰り着くことが出来た。長安では、阿倍仲麻呂の尽力で、玄宗皇帝に拝謁することが許される。仲麻呂は、玄宗の助力なくして四人の日本への早い帰還は出来ないと考えた。次の遣唐使が来るのは約二〇年後とされ、それも確かな事ではなかったからである。仲麻呂は渤海ルートで日本に帰ることを玄宗に提案し、許しを得た。

玄宗の命令で、船と食糧の支給を受けた四人は、折しも来唐中の渤海の使節に随行して七三八年三月、山東半島の登州から黄海を渡って渤海に入った。渤海は滅亡した高句麗の末裔大祚栄《だいそえい》が六九八年に建国した国である。現在の中国東北部やロシア沿海部を領土とした大国であった。

渤海国での旅の経路は記録されていないが、当時この国の都は、現在の中国の吉林省延辺自治州の敦化市にあった。広成達は渤海国を、南から北へ向かって縦断し、都へ向かったに違いない。そして国王大欽茂《だいきんも》に謁見し、日本への帰国を懇願したのであろう。

渤海国では、国王・大欽茂が即位したばかりで、日本に表敬の意をこめた使節を出す準備をしていた。その渤海使とともに、四人は日本へ帰ることを許された。日本海に向けての渤海の港は、塩州であった。塩州は今のロシア領のポシェト湾に面した港町で、日本人もよく知るウラジオストクやナホトカに近い。

七三九年秋、二艘からなる日本への使節団は、この港を出港したと考えられている。ところがこの航海も悲劇に襲われる。大使・胥要徳《しょうようとく》が乗る第一船は、嵐にあって沈没し、四〇名の乗員全員が溺死してしまう。運良く第二船に乗っていた広成らは、旧暦の七月一三日、渤海副使・己珍蒙《きちんもう》とともになんとか出羽国（秋田）に辿り着くことが出来た。

それから日本を南下し、三ヵ月後の一〇月二七日、渤海使とともにようやく妻子の待つ平城京に帰って来る。そして慌しく宮中に参内し、聖武天皇に謁見し、長い苦難の旅の報告をしたのである。『続日本紀』が、その報告を詳しく記しているので、平群広成の数奇な旅を知ることが出来るのである。

日本を出発して七年余、約二三〇〇日に渡る広成の長い旅は、大唐帝国の影響が及ぶ東シナ海・南シナ海・黄河・日本海という古代の東アジアの海を大きく一周するという形で、終わりを告げる。またその数奇な体験をしたことで、日本の帝《みかど》をはじめ、唐の皇帝（玄宗）、林邑国王、渤海国王の各国のリーダーに謁見するという希有な体験をすることにもなった。

広成の強運に加えて、玄宗皇帝や仲麻呂なくして、彼の帰還はなかったであろう。平群広成の見た唐や玄宗皇帝、そして崑崙国や渤海国のことを、広成自身が詳しくしたためた文章が、どこからか出てくれれば、マルコ・ポーロ（一二五四〜一三二四）の『東方見聞録』や、円仁（慈覚大師・七九四〜八六四）の『入唐求法巡礼行記』に匹敵する大旅行記の新発見になると、夢想することがある。

6　遣唐使の話（6）

遣唐使達は、命懸けで約七〇〇キロの東シナ海を渡り、その後揚子江の河口から長安まで約一七〇〇キロの道程を、船を替えて運河を遡り、最後は馬に跨がって、何ヵ月もかけて行かなければならなかった。今なら広島の空港から西安の空港まで直線二一〇〇キロを約五時間で飛び、空港から高速を利用すれば一時間もしないうちに西安の中心街に入っていくことが出来る。

かつての唐の都・長安は、シルクロードの発着地として約一〇〇万人の人口を擁する世界最大の都市であった。その長安は、今は西安と呼ばれ、歴史と文化の香が漂う古都であり、また、内港部を代表する重化学工業が盛んな近代都市ともなり、八三〇万人の人口を抱える陝西省の省都である。

西安に行く度、私が必ず訪れる場所がある。西安の城壁の少し離れた所にある興慶宮公園である。唐の時代には、この公園も、この南にある空海達が学んだ青竜寺も、城壁の中にあった。しかし今はその唐代の城壁はない。今の西安の中心街を囲む巨大な城壁は、明代に建造されたものである。唐代の城壁は東西九・七キロ、南北八・六キロの広さを誇っていたといわれている。それに比べ明代の城壁は、その三分の一東西四・二キロ、南北二・六キロの小さなものである。

小さなものとは書いたが、周囲は一三・七キロ、高さ一二メートル、上部の幅が一二〜一四メートルもある巨大なものだ。さらにその外に深さ七メートル幅二〇メートルの堀が、張り巡らされている。この城壁は、中国で唯一、昔のままの形で残されている歴史的建造物なのである。今でもこの城壁内に三五〇万人の人が住み、城壁の上でマラソン大会が催されたりする。

興慶宮公園は、唐の時代に建築された離宮・興慶宮の跡地に、一九五八年に作られたものである。その後興慶宮にあった様々な建物が復原され、今では西安を代表する観光地である。

唐の玄宗皇帝は、皇城にある宮殿ではなく、ここで政務を執るようになった。興慶宮が、かの楊貴妃との愛の栖であったからであろう。玄宗は、ここで艶やかな宴を繰り返し、時には李白等の詩人を呼んで、その情景を詠わさせている。遣唐使として唐に渡り、玄宗の側近となっていた阿倍仲麻呂は、この宮殿で李白や王維達と親交を深めていく。しかし興

現代の西安市（『ベーシックアトラス　中国地図帳』平凡社、2008年）

慶宮は、安史の乱以降急速に衰え、唐の末期には、うち続く戦乱の兵火によって全ての建物が焼失した。それから一〇〇〇年余が流れ、礎石だけが残されていた興慶宮の跡地に、新しく興慶宮公園が生まれたのである。

一九七九年、阿倍仲麻呂にゆかりのあるこの興慶宮公園に、仲麻呂入唐一二〇〇年を記念して阿倍仲麻呂記念碑が建立された。

六・一メートルの高い大理石の碑には、仲麻呂の「天の原…」の和歌と、李白の「哭晁卿衡」という漢詩が刻まれている。碑文の紹介をする前に阿倍仲麻呂（六九八〜七七〇）のことについて少し説明しておきたい。阿倍仲麻呂は、七一七年（養老1）多治《たじ》比県守《ひのあがたもり》が率いる第八回遣唐使（五五七人）の一員として唐へ渡った。まだ一九歳であった。彼は留学生《るがくしょう》という長期留学生で、次の遣唐使（約二〇年後）が来るまで唐に残って学ぶことが義務づけられていた。かの吉備真備は、同期である。仲麻呂は留学中にその実力を遺憾なく発揮し、大学で学び、〝科挙〟という何百人に一人という超難関の高級官僚試験に合格した。とんとん拍子で出世し、玄宗に目をかけられるようになり、彼から朝衡《ちょうこう》（又は晁衡《ちょうこう》）という唐風の名を授かり玄宗の相談役という地位まで登りつめた。それから一六年の年月が流れ次の遣唐使がやって来た。多治《たじ》比《ひ》広成《ひろなり》を大使とした五九四人からなる第九回遣唐使である。多治比広成は前回（七一七年没）の大使の弟である。多治比家は一族から外交官に登用されるものが多く、外交官の家柄であったようだ。この時の四つの船の第三船を指揮していたのが先に紹介した平群広成で、七年余に渡るかの大漂流をした男である。

仲麻呂は、この遣唐使と共に帰国しようとしたが、玄宗皇帝は彼を手許におきたくて、許可しなかったといわれている。大漂流をした平群広成が無事帰国が出来たのも、日本からの遣唐使がことのほか優遇されたのも、玄宗と仲麻呂の親密な人間関係があったからである。

それからまた一九年の年月が流れ、七五二年藤原清河を大使とする第一〇回遣唐使がやって来る。

阿倍仲麻呂は、望郷の念やみ難く、玄宗の許しを得て、三六年間を過ごした唐を、ついに離れる決意をする。

阿倍仲麻呂が日本へ帰ることを知った王維達は、宴を開いて別れを惜しんで詩を詠みあった。

その時の王維の詩が「秘書晁監の日本国に還るを送る」である。中国では秘書監という職名の間に姓（この場合は、仲麻呂の唐名・晁）を挿むのが慣例であった。「積水不可極」で始まる一二句の詩には、仲麻呂と詩仏と呼ばれた唐の最高詩人・王維との熱い友情が溢れている。少しだけ口語訳してみよう。

大海の果ては極めようがなく、大海の東の日本のことを、どうして知ることが出来よう。世界には九つの州があるそうだが、その中で日本が一番遠いのではないか。

―中略―

君は孤島の中に住むことになる。ここで別れてしまえば、別の世界の人となり、音信はどうして通じたらよいのだろう。

敬愛した玄宗皇帝や、親友の李白や王維等との悲しい別れをして、仲麻呂は七五三年一二月一八日、四つの船の第一船（大使・藤原清河指揮）に乗り込み、蘇州から東シナ海に乗り出した。しかし船は冬の強い季節風に煽られて、一二月二四日沖縄に漂着、そして座礁してしまう。辛うじてまた東シナ海へ出ることが出来たが、そこで強烈な季節風に遭遇し南へ南へと流され、ベトナム北部の驩州《かんしゅう》にまで流されてしまう。ここは二〇年前の平群広成が漂着した、林邑国のすこしばかり北の位置にあたる所である。上陸したものの現地人の襲撃を受け、乗組員一八〇名余の大半が殺され、大使や阿倍仲麻呂ら十数名が生き残った。

阿倍仲麻呂が、南海で死んだという誤報が、長安の都へ流れた。それを聞いて、李白は、「哭晁卿衡」という詩を作っている。

晁卿衡《ちょうけいこう》を哭す
日本の晁卿《ちょうけい》帝都を辞し
征帆一片蓬壷を遶《めぐ》る。
明日は帰らず碧海に沈み
白雲秋色　蒼梧《そうご》に満つ

〈訳〉

阿倍仲麻呂は長安に別れを告げ、
一庁の帆影は蓬壷の島を回って去って行った。
明月のように輝かしかった君は、
青い海に沈んでもう帰らない。
白雲が流れ、悲しみの気分が、
蒼梧山に満ちている。

しかし玄宗の命で、生き残った者は助け出された。七五五年には、仲麻呂達は無事長安へ帰ってくる。仲麻呂は再び日本に帰ることはなく、七七〇年正月、長安で七三歳の生涯を終えることになる。

私は興慶宮公園に来ると、玄宗が楊貴妃のために造った竜池の畔のベンチに坐って、いつも仲麻呂のことを思う。池には若い男女が乗る白鳥の形をしたボートが往き交い、遠くには天を衝くような高層ビルが林立している。

天の原　ふりさけみれば　春日なる

三笠の山に出でし月かも

彼が日本へ出発する前、蘇州で詠んだ歌である。

Ⅲ

潮待ちの港・鞆の浦

1　神島から鞆の浦へ

遣唐使の話が、すこし長くなったが、再び遣新羅使の話に戻ろう。

七三六年旧暦六月四日の夜、遣新羅使の船は、神島の磯廻の浦を、鞆の浦に向かって船出した。その時の歌が「月読《つくよみ》の　光を清み　神島の　磯廻《いそみ》の浦ゆ　船出《ふなで》す我は」(三五九九)である。清らかな月の光が、笠岡湾を照らし出し、遠くに沼隈半島の山影が望めるほどの静かな夜の船旅である。茂平《もびら》、引野《ひきの》、箕島《みのしま》の沖の海を、引潮に乗って真っ直ぐに進めば、鞆沖までは僅か十数キロの航海である。

遣新羅使の船は、昼でも恐ろしい瀬戸の海をどうして夜行くことが出来たのであろうか。恐らく松明《たいまつ》や篝火《かがりび》を燃やす地元の漁師の船が、水先案内や伴走をしたのであろう。

遣唐使や遣新羅使のような国家的大プロジェクトには、これらの船が通過する沿岸の国々に対して、多くの使役が課されていたに違いない。時代も規模も大きく異なるが、江戸時代、将軍の代替わりの時、表敬訪問してくる朝鮮通信使に対して、沿岸の各藩は、その警固や接待で、膨大な負担を強いられていた。

江戸幕府の命を受けた広島藩は、下浦刈島の三之瀬（呉市）から福山藩の鞆の浦まで、朝鮮通信使の船の警固のために約千隻の船を調達しなければならなかった。遣新羅使の時代にも、似たような対応があったと考えるのが妥当であろう。

さて『万葉集』の中の遣新羅使の歌には、夜船出したことが二回記されている。その一つが冒頭の神島のもので、もう一つは倉橋島（呉市倉橋町）から周防（山口県）の熊毛の浦に向かった時のものである。紹介しよう。

月読の光を清み　夕なぎに　水夫《かこ》の声呼び　浦廻漕ぐかも

（三六二二）

〈訳〉

美しい上弦の月が輝き、海は今夕凪である。船を漕ぐ水夫たちの声が勇しく聞こえてくる。この、浦廻を今宵出発するのだ。

危険な夜の海を行った理由は、未だによく分からないが、瀬戸内海特有の夕凪の後の陸からの風を利用するためだとか、夏の激しい日射しを避ける猛暑対策であったとか、急流

池の形をした鞆の浦。1791 年（寛政 3）に完成した波止より

の大畠瀬戸等の危険な箇所を、昼間に通過するために逆算して夜出発したのだとか、多くの学説がある。

蛇足になるが、月の出入りと潮の干満について簡単に説明しておこう。

月の出入の時刻は、一日に平均五〇・四七分ずつ遅くなる。新月から次の新月までは二九日一二時間四九分三秒かかる。毎日形を変えるその月に、日本人は洒落た名前を付けて親しんできた。

新月（朔）／太陽、月、地球が一直線に並ぶので見えない。その新月から一週間は、月は太陽とともに昼の空を行くので見ることが難しい。

三日月／月の出は朝であるが、昼間は太陽の光が強くて見えない。日没後に西空にはっきり見えるが、すぐ沈んでしまう。

七日月／新月と満月の中間点で、月と太陽との黄経の差が九〇度になるとき見える。正午頃に空に出て、日没頃に南中し、夜半に沈む。古くから和歌に詠まれる上弦の月で、弓張り月ともいう。

十五日月／望月、満月ともいう。月は地球を挟んで太陽と反対に位置するので、太陽に完全に照らされて満月となる。日没と同時に東の空に出、日の出とともに沈む。満月は、日没後一番早く姿を見せる月である。

十六日月／十六夜《いざよい》月ともいう。前夜の満月から約五〇分後に姿を現すので、しばらくいざよいながら待つ月なのである。月が出ることをためらって、遅く出てくるという解釈もある。

十七日月／立《たち》待月《まちづき》という。いざよっていても出てこないので、しばらく立って待つ月である。

十八日月／居《い》待月《まちづき》という。前日より更に遅く午後九時頃に出てくるので、座って待つ月である。

十九日月／寝《ね》待月《まちづき》ともいう。もう寝て待てということになる。

二十日月／更《ふけ》待月《まちづき》という。夜もすっかり更けて出てくる月である。

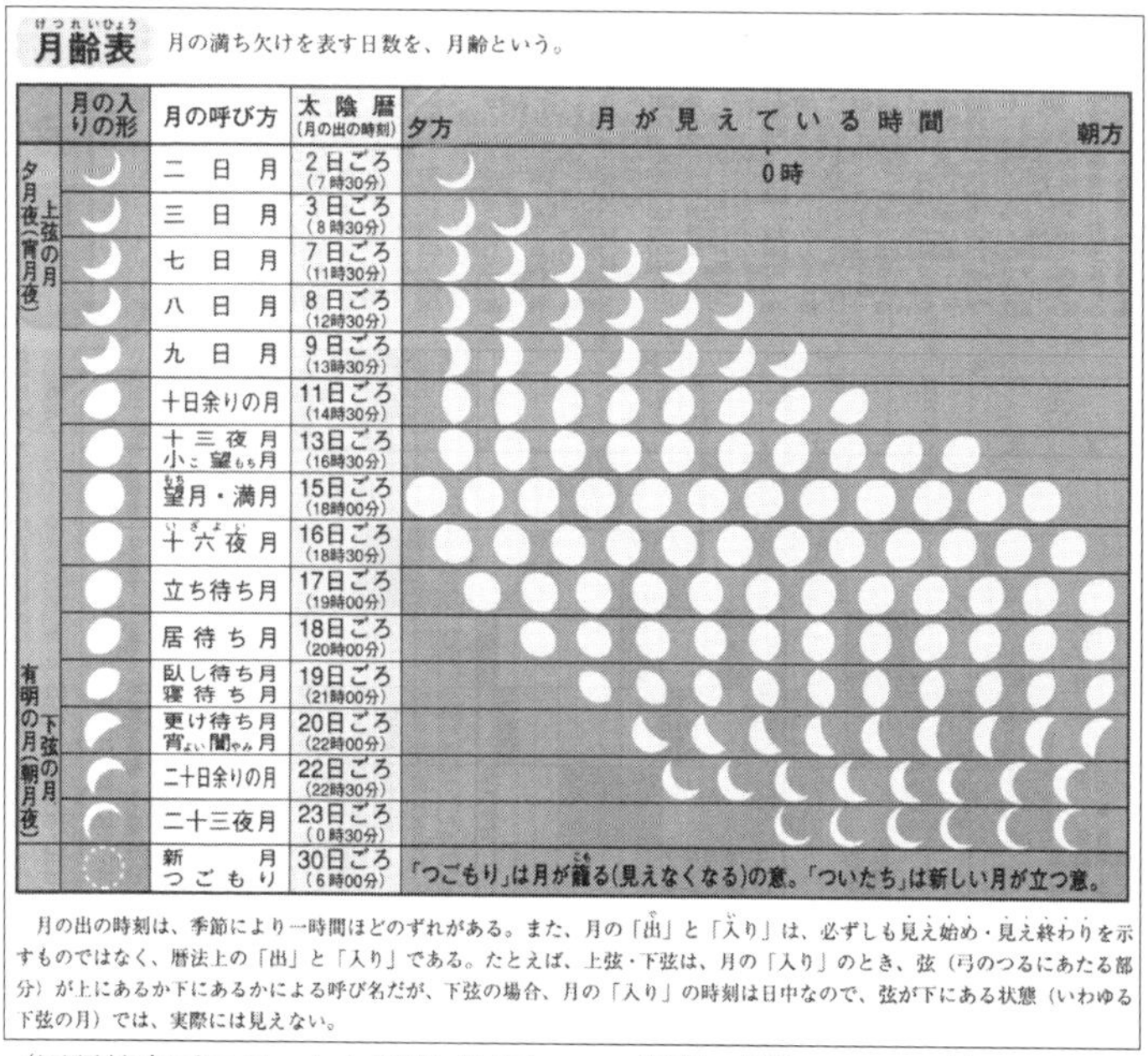

月齢表《げつれいひょう》　月の満ち欠けを表す日数を、月齢という。

	月の入りの形	月の呼び方	太陰暦（月の出の時刻）	夕方　月が見えている時間（0時）　朝方
夕月夜（宵月夜）／上弦の月		二日月	2日ごろ（7時30分）	
		三日月	3日ごろ（8時30分）	
		七日月	7日ごろ（11時30分）	
		八日月	8日ごろ（12時30分）	
		九日月	9日ごろ（13時30分）	
		十日余りの月	11日ごろ（14時30分）	
		十三夜月 小《こ》望《もち》月	13日ごろ（16時30分）	
		望《もち》月・満月	15日ごろ（18時00分）	
		十六夜《いざよい》月	16日ごろ（18時30分）	
		立ち待ち月	17日ごろ（19時00分）	
		居待ち月	18日ごろ（20時00分）	
有明の月（朝月夜）／下弦の月		臥し待ち月 寝待ち月	19日ごろ（21時00分）	
		更け待ち月 宵《よい》闇《やみ》月	20日ごろ（22時00分）	
		二十日余りの月	22日ごろ（22時30分）	
		二十三夜月	23日ごろ（0時30分）	
		新月 つごもり	30日ごろ（6時00分）	「つごもり」は月が籠《こも》る（見えなくなる）の意。「ついたち」は新しい月が立つ意。

月の出の時刻は、季節により一時間ほどのずれがある。また、月の「出《で》」と「入《い》り」は、必ずしも見え始め・見え終わりを示すものではなく、暦法上の「出」と「入り」である。たとえば、上弦・下弦は、月の「入り」のとき、弦（弓のつるにあたる部分）が上にあるか下にあるかによる呼び名だが、下弦の場合、月の「入り」の時刻は日中なので、弦が下にある状態（いわゆる下弦の月）では、実際には見えない。

（国語教育プロジェクト編著『ビジュアル資料　原色シグマ　新国語便覧』増補三訂版、37頁、文英堂、2011年）

二十三日頃、月は下弦の月となる。

三十日月／つごもり（月隠り）とも晦日《みそか》ともいう。三十日《みそか》から生まれた言葉である。地球から見ると太陽と月が重なるので、姿が見えなくなる。月の出は日の出頃で、月の出入りは日没頃である。

　月の満ち欠けを表す日数を月齢という。その月齢表を紹介しよう（上記の表を参照）。日本人は、自然を〝花鳥風月〟と呼び、こよなく月を愛でる民族である。とりわけ陰暦の八月一五日にはお団子を供えて、中秋の名月を楽しむ風習まである。しかし欧米人は、吸血鬼ドラキュラを連想したりして、どちらかというと月を気味悪がるようで、日本人の月に対する熱い思い入れが、どうも理解出来ないようである。

その月の満ち欠けで、潮の干潮・満潮が一日に二回、六時間一二分おきに起きることになる。笠岡諸島から鞆・走島沖附近は、瀬戸内海の東西からの潮汐がぶつかり合い、〝湛《たた》え〟という満潮の時間が長く続くので、潮待ちの海となる。特に鞆の浦は、三方を陸地に囲まれた池の形をしているので、波穏やかな天然の良港で、古代から瀬戸内海を代表する潮待ちの港として栄えてきた。

七三六年の遣新羅使の船は、夕方の〝湛え〟を利用して神島（笠岡市）で潮待ちをし、下げ潮に乗って鞆方面に船出をした。残された文献から割り出すと、大型船の船足は、瀬戸内海では時速が四～六キロぐらいになるといわれている。すると神島から鞆までは、二～三時間の航海となり、その日の夜更けには、もう仙酔島（福山市鞆町）近くに到着していたことになる。

2 鞆物語――むろの木の話（1）

七三六年（天平8）六月四日、遣新羅使の船は、日の出とともに、神島（笠岡市）を出航し、月光に照らされて仄かに明るい海を鞆に向かった。神島から鞆までは、直線で約十数キロばかりの近さなので、数時間後には仙酔島あたりに到着したであろう。彼らはこの鞆の沖で、二首の和歌を残している。

離磯（はなれいそ）に　立てるむろの木　うたがたも　久しき時を　過ぎにけるかも
（巻十五・三六〇〇）

〈訳〉
鞆の陸地からすこしばかり離れた磯の上に立っている、かの有名なむろの木は、きっと長い長い年月を生きてきたのだろうなあ。

〈注〉
離磯…潮が満ちて来ると陸地から切り離される磯
うたがたも…（副詞）きっと、必ずや
しましくも　ひとりありうる
ものにありや　島のむろの木
離れてあるらむ

（巻十五・三六〇一）

〈訳〉

島のむろの木は、一本だけでしっかりと立っているが、人という生き物は少しの間でもひとりでいることが出来るものなのだろうか。

妻と離れて、新羅へ行かねばならない私は、きっと耐えられないほどの寂しい思いをすることになるのだろう。


二つの歌の中には、鞆の浦の地名は無いが、この歌は古来から鞆で詠われたものとされている。前述したように『万葉集』巻十五の前半は、遣新羅使の難波津から新羅までの、辛く苦しい船旅を詠んだ一四五首の和歌から成り立っている。巻頭には〝目次〟にあたる題詞があり、右の二つの歌は「船に乗りて海に入り、路の上にして作る歌八首」という題詞が付く、八首の歌の末尾に置かれている。

この八首は、順に武庫浦（兵庫）↓印南都麻《いなみつま》（加古川）↓多麻浦《たまのうら》（玉島）↓神島《かみしま》（笠岡）と詠い継がれ、この二首で締め括られているのである。そして次の歌が詠まれるのは長井《ながい》の浦《うら》（三原市）であり、この二首は間違いなく、笠岡と三原の海に位置する港、鞆の浦のものである。

もう一つ、この二首が鞆で詠まれたとする大きな根拠が〝むろの木〟である。

遣新羅使が、鞆を通過した七三六年（天平8）より六年前の七三〇年（天平2）に、超エリート官僚大伴旅人がここ鞆の浦で〝むろの木〟を詠んだ三首の歌を残しているのだ。その歌を通じて、奈良の都の貴人達は、遠く備後の国の鞆の海岸に、名だたるむろの木があることを知る。その都から来た遣新羅使達も、それが気になって仕方がなかったのである。

大伴旅人は、『万葉集』を編纂したといわれる大伴家持の父で、武人であったが、山上憶良や山部赤人と肩を並べる、天平時代を代表する歌人でもあった。

大伴旅人は七二七年（神亀4）九州太宰府の長官（太宰帥《だざいのそち》）として赴任する時、ここ鞆の浦で妻大伴郎女《おおとものいらつめ》とともに、大きなむろの木を見たようである。ところがその最愛の妻が、太宰府で病没してしまう。

六〇歳を越える齢になって、政争に巻き込まれ都を追われるように太宰府に赴任させられた旅人は、そこで妻まで亡くしてしまう。その太宰府で詠まれた悲しみの歌が、『万葉集』に残されている。

世の中は　空しきものと　知る時し
いよよますます悲しかりけり
（巻五・七九三）

〈訳〉
世の中は、ほんとうに空しいものだとつくづく知った時、いよいよますます悲しみだけがつのり、どうすることも出来ない。

愛《うつく》しき　人の纏《ま》きてし　しきたへの
我《わ》が手枕《たまくら》を　纏く人あらめや
（巻三・四三八）

〈訳〉
あんなに愛していた私の妻が、枕にして寝てくれた私の手枕を、また同じようにして寝る人がこの世にあろうか、いやあるはずがない。

六四歳になっていた旅人の、妻に対する抑えようのない率直で赤裸々な愛と悲しみの絶唱である。

それから四年の年月が流れた七三〇年（天平2）、旅人が都に帰る日が来た。その年の一〇月、政局が変わり、大納言というトップ官僚に任命され都へ復権することになる。一二月、当時筑前の国司であった山上憶良らに送られて娜大津《なのおおつ》（博多）から船出し都へ帰る途中、また鞆の浦のむろの木を見ることになる。

その時の歌が次の三首である。

吾妹子《わぎもこ》が　見し鞆の浦のむろの木は
常世《とこよ》にあれど　見し人ぞなき
（巻三・四四六）

〈訳〉

太宰府へ往く時は、妻と一緒に見た鞆の浦のむろの木は、今も変わらずに青々として茂っているのに、私の愛した妻はもうこの世にはいない。

鞆の浦の　磯のむろの木　見むごとに
相見《あいみ》し妹《いも》は　忘らえめやも

（巻三・四四七）

〈訳〉

鞆の浦の磯のむろの木を見ることあれば、その時はいつも今はなき妻を忘れることは出来ないだろう。

〈注〉

え…上代の可能の助動詞「ゆ」の未然形
め…推量の助動詞「む」の已然形
めやも…反語を表す

磯の上《うえ》に　根延《ば》ふむろの木　見し人を
いづらと問はば　語り告げむか

（巻三・四四八）

〈訳〉

磯の上にしっかりと根をはっているむろの木よ。お前を見た私の愛する妻は、今どこに

鞆・対潮楼の下にある「吾妹子…」の歌碑

いるのかと聞いたならば、教えてくれるのだろうか。

大伴旅人は、妻を亡くした後、何憚ることなくその悲しみや憂いを、素直に水に流れるような短歌のリズムにのせて、詠み続けた。そして鞆の浦のむろの木を詠んだ翌年、旅人は妻を追うようにして奈良の佐保《さほ》の邸で、六七歳の生涯を閉じることになる。

大伴旅人や遣新羅使にとって、きらきらと輝く瀬戸の海も、美しい鞆の浦も、愛する人を偲ぶ悲しい風景だったようだ。

『万葉集』には、鞆の浦を詠んだ歌が八首ある。旅人の「吾妹子が見し…」の歌碑は、仙酔島への渡船場の前、道を挟んだ対潮楼の石垣の下の葎《むぐら》の中に、忘れられたように建っている。

3　鞆物語——むろの木の話（2）

『万葉集』には、鞆を詠った和歌が八首あり、そのうち六首がむろの木を詠んでいる。遣新羅使の歌には、「離磯《はなれいそ》に立てるむろの木（巻十五・三六〇〇）」、「島のむろの木（巻十五・三六〇一）」、大伴旅人の歌には「磯の上に根延《ば》ふむろの木（巻三・四四八）」という表現があり、むろの木が立っていた状況を教えてくれる。するとこの有名なむろの木は、鞆の陸地からすこし離れたどこかの島にあり、水中から露出している岩場で、岩をつかみ抱えるようにしっかり根を張って立っていたことになる。しかしこのむろの木は、中世にはすでに跡かたもなかった事がわかっている。それでは遣新羅使や大伴旅人が見た〝むろの木〟とは、いったいどんな木で、また鞆のどこにあったのだろう。

前述したように、『万葉集』によると遣新羅使は、月に照らされて神島（笠岡市）を出航し、夜中に鞆の沖合を通過した後、長井の浦（三原市糸崎）に船泊りしたことが記してある。日本大学文理学部の研究グループは、奈良時代の遣新羅使のような大型船が鞆の浦に寄港しない場合、鞆の沖の仙酔島の南を西に進み、田島、横島の南側を通って布刈瀬戸（向島と因島の間）を抜け、長井の浦へ向かったとしている。鞆と仙酔島の間の狭い水道や阿伏兎の瀬戸のような、潮流が速くて岩礁の多い所は通らなかったと考えているのである。阿伏兎の瀬戸（口無瀬戸《くちなしのせと》）へ入り、敷名の湊（福山市沼隈町）を利用するようになったのは、それから三〇〇年余の後の、平家が厳島参拝のために、敷名や音戸の瀬戸を整備した平安時代の後半になってからであろう。

すると『万葉集』に詠まれたむろの木は、仙酔島の沖から夜でも見える所にある、相当大きな木であったということになる。『万葉集』の研究家達の間では、鞆のむろの木は、対潮楼（福禅寺）のすぐ北側（今の福山市役所鞆支所）あたりにあったと、長い間考えられていた。それを裏付ける二つの伝承を紹介しよう。

江戸時代の初期（一六八三年）、鞆の僧侶が著したといわれる『あくた川のまき』という本に次のような記述がある。

磯のむろの木は、関町旗の崎にあったと伝えられている。三かかえするほどの大きさで、梢は東の向江島（いまの仙酔島）に向かってよこたわり、そり橋をかけたように見えていた。

—中略—

よにも名高いこのむろの木は、いつしか枯れて、今はただ名前だけ残っている。(『あくた川のまき』)

もう一つの伝承は、それからまた一〇〇年も遡った豊臣秀吉の頃のものである。秀吉は一五九二年(天正14)、一五万人もの兵を動員して、朝鮮出兵(文禄の役)をした。それに同行していた秀吉の縁戚にあたる豊臣勝俊(若き日の木下長嘯子《ちょうしょうし》)という武将は、歌人としても有名な男で、京都から名護屋(佐賀県)までの随行記『九州のみちの記』を著している。秀吉の大軍が備後の山手村(福山市山手町)に宿陣した時、勝俊は古来から有名なむろの木が、気になってしかたなかったようで、わざわざ鞆まで足を運び、次のような文章を残している。

さて「見し鞆の浦のむろの木は、とこ世にあれど、」とよめるはいづこぞとたづねはべりければ、むかしはこの浦にありつと言ひ伝へたれど、今はあとかたもはべらねば、さだかに知る人もさぶらはず。(『九州のみちの記』)

豊臣勝俊の心を捉えて離さなかったむろの木は、この時すでに姿形なく、知る人さえいなかったのである。

さてそのむろの木とはどんな木であったのだろう。むろの木は、ネズミサシかイブキビャクシンのいずれかであろうと、長い間議論されてきたが、未だ決着はついていない。両方ともヒノキ科の常緑高木である。ネズミサシは、別名ネズ、備後地方ではモロギ、鞆ではモロダの木と呼ばれているようだ。葉が針のように鋭く、さわると痛いので、ネズミの出没する穴に置き、ネズミ除けにしたのでこの名がついたとも言われている。鞆の代表的な祭「お手火神事」のお手火には、このむろの木を八本巻きつけることになっている。

高諸神社のイブキビャクシン

(福山市今津町6)

材質が硬く木目が緻密なので、建材や木工品に使われる。また黒大豆のような果実は、杜《と》松実《しょうじつ》と呼ばれ、利尿やリウマチの漢方薬として使われてきた。だから大木はあまり見られない。ただ福山市金江町本谷《ほんだに》の大池近くにあるネズミサシは、天然記念物に指定されるほどの巨木で、旅人達が見たむろの木のイメージと重なる厳かな雰囲気がある。

一方イブキビャクシンは、海岸に自生することが多く、枝はすべて上に向かって伸び、炎のような形となり、樹高は一〇メートルにも達する。

イブキビャクシンは、日本各地に樹齢一〇〇〇年を越えるような名木が多い。備後では福山市今津町の〝お剣さん〟の名称で親しまれる高諸《たかもろ》神社のものが有名である。高諸神社のある場所は、埋立てや干拓が行われる前までは、松永湾の波が打ち寄せる海岸であった。その海岸の岩場の上を整地して、神社は建てられている。境内の池には、船が接岸していた雁木が残されている。本殿の周囲には、かつて海岸であったことを物語る大きな岩が重なり、その岩を「根延《ば》う」ようにイブキビャクシンが立っている。福山市の天然記念物である。

日本を代表する万葉学者土屋文明は、日本各地のむろの木を見て廻り、むろの木がネズミサシかイブキビャクシンかを、見極めようとしたが、それでも決めつけるのは難しいとしている。ただ敢えて言うならイブキビャクシンの方に、すこし気持ちが傾いているとも述懐している。いずれにしろ鞆のむろの木は、いまだに歴史のファンタジーの中に閉じ籠められている、不思議な木なのである。

4 鞆物語――鞆ゆかりの人々（古代）

鞆は今、観光、漁業そして鉄工を生業とする小さな港町である。しかしこの町は、古代から近世まで、歴史の表舞台に繰り返し登場してくる歴史の宝物館のような町なのである。

古代から、鉄道が敷設される明治時代までは、物流の中心は舟運であった。とりわけ波の穏やかな瀬戸内海は、舟運の大動脈であり、鞆の港は、その内海航路の中で最も重要な港として栄えてきた。歴史の堆積するこの魅力的な町については、多くの学者や郷土史家による様々な〝鞆史〟が著されているので、それを私が繰り返して披露しても、二番煎じの味気ないものになるであろう。ならば少し切り口を変えて、古代から今に至るまで、鞆にやってきた人物、そして鞆で生きた人物にスポットライトをあてて、彼らの生きた時代にタイムスリップして、往時の鞆を偲んでみたい。

さて古代から、なぜ鞆は、歴史の檜舞台に何度も登場することになったのだろう。それは鞆が持つ自然的地理的環境によるものである。

鞆は瀬戸内海のほぼ中央に位置し、東からは紀伊水道、西からは豊後水道から押し寄せる海流がぶつかる位置にある。

古来、船を動かす力は風力（帆）と人力（櫓）であった。その二つに加えて、瀬戸内海では一日に二回約六時間おきに起こる、潮の満ち干がもたらすエネルギーを、巧みに利用することが何よりも大切なことであった。沖合で潮のぶつかる鞆は、その潮待ちをする絶好の位置にあった。しかも三方が山で囲まれ、池のような地形をしており、暴風から待避するために好都合な港であった。また一たび風や潮の状態が良くなれば、すぐ港を出て潮に乗ることが出来る、岬（半島）の先端に位置していることも重要である。

さらに鞆には、土砂を押し出して浦を埋めてしまう大きな川がない。

瀬戸内海で、良港といわれた鞆や日比（岡山県玉野市）、室（兵庫県たつの市）は、そういう条件をそろえている。

瀬戸内海屈指の港・鞆は、古代には遣唐使や遣新羅使が立ち寄る交通の要衝として、古代末から中世にかけては、平家や足利幕府等が政治的、軍事的に利用する港として、さらに江戸時代になると、参勤交代や朝鮮通信使そして北前船が出入りする経済的、外交的な港として歴史を刻んでいく。

こうして鞆は、歴史の大きな転換期には、歴史を動かす舞台として、いくたびも登場してくることになる。この鞆という舞台を使って、日本の歴史を動かした人は、日本史を飾る千両役者であった。

それでは鞆の舞台に立った人を、神代の時代から順番に並べて簡単に紹介しよう。

○素戔嗚尊《すさのおのみこと》

彼は日本神話のイザナギノミコトとイザナミノミコトの間に生まれた暴れん坊の神さまで、姉は皇室の祖神・天照大神《あまてらすおおみのかみ》である。素戔嗚尊は、あまりにも凶暴だったので、高天原《たかまのはら》という天上の国を追われ、我々の住む地上の国の出雲（島根県）へ降りてくる。彼はこれまでの行いを反省し、この国のために尽くそうと、心を改める。

まず出雲国で、人々を苦しめる八岐大蛇《やまたのおろち》を退治し、そこで奇稲田姫《くしなだひめ》と結婚する。その後出雲国から中国山地を越え、備後国（広島県）へ入り、各地で多くのエピソードを残しながら、芦田川沿いに下ってきて鞆にやって来る。鞆の人も、彼を深く敬愛し、彼を祀る沼名前《ぬなくま》神社（祇園宮）を造った。祇園祭で有名な京都の祇園さん（八坂神社）も、鞆の祇園さんから分霊されたもので、鞆が本家なのである。ちなみに素戔嗚尊が鞆へ下ってきた芦田川沿いには、小童（三次市甲奴町）、戸手（福山市新市町）に祇園さんがあり、この鞆の祇園さんと合わせて、備後三大祇園という。

○神功皇后《じんぐうこうごう》

この人もまた記紀に登場する神話上の人で、今から一八〇〇年前（いや一六〇〇年位前とか）の女傑で、仲哀天皇の皇后である。夫の亡き後、新羅遠征をし、これを攻略し、大和へ凱旋する途中鞆へ立ち寄ったという。その時、弓を射る時左手首につける武具〝鞆〟を渡守《わたす》神社へ奉納したので、〝鞆〟という地名が生まれたといわれている。とにかく神話の世界まで遡るほど、鞆の歴史は古い。

○最澄と空海

大伴旅人や遣新羅使が鞆に立ち寄ったのは、奈良の平城京に都があった天平時代（七二九～七四九）のことである。それから約六〇年後の七九四年（延暦13）桓武天皇は都を平安京（京都）に移した。八〇四年（大同1）桓武天皇は藤原葛野麿を大使とする第一六次遣唐使を任命する。その中に最澄と空海がいた。

最澄は法華経を学ぶために天台山（浙江省）へ、空海は密教の真理を学ぶために長安へ入った。翌八〇五年最澄が、八〇六年空海が帰国する。最澄は帰国した翌年鞆に来て、天台宗布教の拠点として、静観寺《じょうがん》を建立したといわれている。これが寺の町・鞆の、最古の寺である。静観寺は、現在の形からすれば想像も出来ないほど巨大な寺で、七堂伽藍が海

瀬戸内海一の良港・鞆、山の中腹は医王寺

上遠くからでも望むことが出来たという。
残念なことに一三三九年南北朝の動乱に巻き込まれてすべて焼け落ちてしまった。
八二六年、今度は空海が鞆の後地《うしろぢ》の山の中腹に、鞆で二番目に古い医王寺を建立する。医王寺から見る鞆の港、瀬戸の島々、四国連山の景色は、野口雨情や清水比庵等の多くの文人の心を魅了してきた。
二人の天才的高僧は、鞆の地の重要さをよく知っていたのである。

5　鞆物語──鞆ゆかりの人々（中世・1）

鞆を中心として、沼隈半島には源平合戦の伝説が多い。

一一七五年（安元1）の春、平重盛の船は、父清盛が平家一門の守護神として改築造営した厳島神社へ参詣する途中、鞆の浦へ立ち寄った。

その時、遙か遠く海上からでも望むことが出来た、二つの五重の塔がそそり立つ静観寺に魅せられてお参りした。

この寺の美しさに心をうたれた重盛は、境内に、自らが彫った阿弥陀仏を祀る小さなお堂を建立した。これが小松寺のはじまりで、最澄が静観寺を建立して、三七〇年の星霜が流れていた。重盛は、またその庭に小さな松を植え、次のような言葉を残したという。

「もしこの松が、天に向かって伸びれば平家は栄え、地に這えば平家は衰びるであろう。」

重盛手植の松は、その後の平家の運命を予兆するかのごとく、横に這うように大きくなり、八〇〇年間も生き永らえたが、昭和三〇年代に枯死した。平重盛は、実によく厳島に

小松寺と、残されている重盛手植の枯れた松（右上に祇園宮）

参詣している。平家と厳島神社の結びつきは、平清盛が、その若き日に、約一〇年間安芸国の国司をつとめたことにはじまる。

安芸守在任中に清盛は、紀州高野山の大塔を再建した。『平家物語』には、その落慶供養をしている時、弘法大師の化身とおぼしき僧が現れて、「厳島神社を崇めれば官位の昇進は思いのままになろう」と告げたという話が記されている。

こうして厳島神社は、清盛によって、現在のような水に浮かぶ華麗な社殿に改築されたのである。また福原（兵庫）の港から厳島までの航路の整備が進められ、牛窓や敷名（福山市沼隈町、内海大橋の真下）の港湾の改良や、音戸の瀬戸の開削が行われた。その時以来、平家一門や公家達の厳島参りが繰り返されるようになる。記録によれば清盛は一一回、弟頼盛は二〇回も参詣している。また後白河上皇とその女御・建春門院（平滋子）や、その息子である高倉上皇等の皇族の多くが参詣している。平家一門や貴族達の参詣には、清盛の巨大な唐船が利用された。

さて重盛が創建した小松寺は、日本の中世の歴史の転機に度々登場してくる。

一一八三年（寿永2）、平家一門七〇〇〇人は、源氏の木曽義仲に追われるようにして、幼い安徳天皇（清盛の娘徳子の子）を奉じて西へ逃げていく。この時、二〇年あまり栄耀栄華を誇った平家の邸宅や従者の建物五万軒に、平家自らが火を放ち焼き尽くした。いわゆる平家の〝都落ち〟である。この時から平家は、瀬戸内海の流浪者となった。

『平家物語』の中では、悪行、専横を極める父清盛とは対照的に平重盛は、文武に秀でた器量の大きな理想的人物として描かれている。その広大な邸宅が京・東山の麓の六波羅小松第《こまってい》にあったので、〝小松内大臣〟とか〝小松殿〟と称された。仏道にも深く帰依し、小松第に四八間の精舎を建て、一間ごとに燈籠を懸けて念仏修行を行ったので、〝燈籠大臣〟とも呼ばれた。中国浙江省にある臨済宗の本山・阿育王寺に、三千両もの大金を寄進したり、鞆の小松寺を建立したように、重盛の浄土来迎の願いは強かった。策略家の後白河法皇と、その法皇でさえなきものにしようとする清盛には、激しい確執と対立があった。その間に立った重盛は、帝に対する忠義も、父に対する孝行もままならず、苦しみ続けることになる。重盛を側で見ていた天台宗の座主・慈円は、自らの書『愚管抄』の中に、憔悴しきった重盛が、「早く死にたい」といつももらしていたと記している。重盛はこの二人の妖怪を残したまま、四二歳の若さであこがれた浄土に旅立った。この時の重盛の心境を、江戸時代の歴史家頼山陽は、『日本外史』という書物の中で「忠ならんと欲すれば孝ならず。孝ならんと欲すれば忠ならず。」という名文で表現してみせた。余談ではあるが、頼山陽はよく鞆にやって来て、鞆の大富豪上杉家（大坂屋）に逗留し、この膨大な歴史書の草稿を練ったという。

『平家物語』は、重盛の死を通して、平家の滅亡を暗示している。重盛の死の二年後、それを追うように清盛が死に、その四年後には、平家一門は壇ノ浦（下関）で全滅することになる。

病死した重盛の二男資盛《すけもり》は、瀬戸内海を流れゆく平家から離れて、鞆に来て、小松寺に参り、父の菩提を弔ったという。因みに資盛の恋人は、『建礼門院右京大夫集』を著した美しい歌人・藤原伊行の娘である。あでやかな貴族との交流を深めた平家は、もう武家ではなく、荒ぶる武家である源氏に敗れるのは、仕方がないことかも知れない。

清盛の忠臣であった平貞能も、平家一門と離れ、京都に戻り、重盛の墓に参り、その骨を高野山に、遺髪を小松寺に納めたという。

鎌倉時代になると、静観寺は次第に衰え、小松寺の方が栄え、その立場が逆転していく。鎌倉末期になると、小松寺は祇園さんの隣の、かつては草谷と呼ばれた一帯に大きな伽藍を構える巨刹となっていた。

その鎌倉時代に、美しい貴族の女が、都から鞆の地を訪れている。後深草院(第八九代天皇・一二四三〜一三〇四)の女房すなわち愛妾であった後深草院二条である。二条は鎌倉時代中期、大納言源雅忠という位の高い貴族の子として都で生まれた。二条の母は大納言典侍《すけ》といい、後深草院の父後嵯峨院(第八八代天皇・一二二〇〜一二七二)の愛妾で、後に源雅忠の妻となるのである。

二条を有名にしたのは、彼女が『とはずがたり』という五巻からなる自らの人生を赤裸々に描いた日記、紀行文を書き残しているからである。

一巻から三巻までは、二条と後深草院を中心軸にして繰り広げられる、後宮におけるどろどろした愛欲生活が描かれている。四巻は宮中を追われるように出家し、関東へ旅する記録である。

五巻は厳島神社へ参拝を思い立ち、中国、四国を旅する記録である。

一三〇二年（乾元1）四五歳になっていた二条は、厳島へ行く途中鞆の浦に降り立った。にぎやかな鞆の町はずれにある大可島《たいがしま》（鯛島）で、昔遊女であった尼と、女の人生について語りあう場面が印象的である。円福寺そしてポニョの家（林家別荘）やホテルがある大可島は、今は陸続きになっているが、この頃は鞆港の東にある小さな島であった。

関ヶ原の戦の後、広島藩にやって来た福島正則が、鞆城を改築した時、埋めて今のような地勢になったといわれている。平家一門や後深草院二条が鞆を訪ねた頃、鞆はまちがいなく備後国の首府であった。

6　鞆物語――鞆ゆかりの人々（中世・2）

平家のプリンス平重盛（一一三八〜一一七九）が建立した小松寺や、後深草院（第八九代天皇・一二四三〜一三〇四）に愛された貴族の娘・二条が訪れた大可島《たいがしま》が、再び歴史の表舞台に登場してくるのは、南北朝という時代のころである。建武新政（一三三三年）と呼ばれる、後醍醐天皇による急激な公家政治の復活は、それに協力した足利尊氏らの武家勢力の、強い反発を受けて、あっという間に崩壊した。後醍醐天皇は逃げるようにして奈良の山奥・吉野に入り、ここを行宮《あんぐう》として南朝を興した。一方尊氏は、都で光明天皇を擁立し、北朝が成立した。こうして天皇家が二つに分かれて、七〇年近く争う南北朝の時代が始まった。

実はこの南北朝時代の原因を作ったのは鎌倉時代中期の後嵯峨院（第八八代天皇・一二二〇〜一二七二）である。この後嵯峨院の長男が、後深草院であり、愛妾が『とはずがたり』を書いた二条である。後嵯峨院は、自らは早く退位し、まだ四歳であった後深草

鞆・常夜燈から見る大可島（今は地続きになっている。そのむこうは仙酔島）

に皇位を譲り、長い院政体制を敷くことになる。後深草天皇が一七歳になった時、後嵯峨院は後深草を退位させ、溺愛していた弟を天皇にしてしまう。これが九〇代の亀山天皇である。さらに、後深草の息子ではなく、亀山天皇の息子を皇太子にしてしまう。後深草には土地を与え、皇統を断とうとしたのである。後深草は、慌てて鎌倉幕府に相談したので、この時から幕府が、皇位継承に口を出すようになる。後嵯峨院の恣意的人事は、貴族と鎌倉幕府を巻き込み、後深草派と亀山派を生み、両派の確執が始まっていく。この後、持明院統（兄の後深草の血統）と、大覚寺統（弟の亀山天皇の血統）に分かれて、七〇年もの間争う、南北朝の大乱が起きる。

鎌倉に武士の政権が生まれて既に久しく、権力を剥奪された貴族達の生き様は、刹那的享楽的で、恐ろしく退嬰的なものであった。当時貴族の間では『源氏物語』が広く読まれており、主人公の光源氏や、それを取り巻く女達の姿と、自分達を重ねて楽しむ者が、少なくなかった。

『とはずがたり』に描かれている貴族の生活にも、その傾向がある。後深草は二条が四歳の時、後宮に入れ、天皇を退いた後、自分の愛妾にしている。二条は一四歳になっていた。後深草は、自らを光源氏、二条を若紫と重ねていたようである。後深草は、二条の母も愛していた。

二条の母大納言典侍《すけ》は、若き日の後深草の乳母であった。二条の母は、彼に性の手ほどきをしたので、忘れられない存在になったのである。〝初枕《はつまくら》〟等と呼ばれるこれらの後宮のしきたりは、この時代ごく普通のことであった。母大納言典侍は、その後多くの男と出会った後、大納言源雅忠と結婚し、二条を生み、二年後には亡くなっている。

二条は後深草院に愛されながら、同時に後深草院の近臣の貴族（西園寺実兼）や、後嵯峨院の皇子で仁和寺の高僧・性助親王とも恋をし、それぞれに子供までもうけている。また亀山天皇との艶聞もあったといわれている。最後は、後深草院の中宮であった東二条院の激しい嫉妬と排斥にあい、宮中を追われるようにして、出家する。『とはずがたり』は、まさに源氏物語的世界である。

『とはずがたり』は、国文学者山岸徳平が一九四〇年（昭和15）に『蜻蛉日記』に決してひけをとらない文学作品として世に問うまでは、その存在を知らない人が多かった。それまでは宮内庁の膨大な蔵書の中で、六五〇年余り眠っていたのである。

現代の作家のように、自らの人生を赤裸々に描いた『とはずがたり』は、今を生きる我々に鮮烈な印象を与えてくれる。人生の辛酸を嘗めた二条が、鞆の大可島を訪れ、遊女として生きてきた老尼と、女の一生を語ったのは、一三〇二年（乾元1）のことである。

『とはずがたり』で、すこし寄り道をしてしまった。小松寺と大可島の話に戻ろう。

建武新政が僅か二年で崩れ去ると、北朝方と南朝方に分かれて天下は再び動乱の渦に巻き込まれていく。はじめは北朝側の足利尊氏が優勢で、都を占領していたが、南朝の後醍醐天皇が、「足利尊氏を討て」という勅命を出すと、南朝側の武士新田義貞や楠木正成などが決起し、尊氏軍は敗れてしまう。一三三六年二月、足利尊氏は、京都を逃れて軍船三〇〇艘を率いて鞆に来て、小松寺に本陣を構えた。朝敵となった尊氏がここで待っていたのは、自分が擁立した北朝の光厳上皇の、「新田義貞らを討て」という院宣であった。待ちに待った院宣は、京都醍醐寺の僧賢俊によって小松寺に届けられた。朝敵の汚名から免れた尊氏は、軍勢を立て直すために、意気揚々と九州へ下っていく。

九州で勢力を取り戻した尊氏は、各地の武将を結集して、大軍団となって再び東上を始め、尾道そして鞆へと帰ってくる。小松寺で京都攻めの準備を完了し、足利軍は二手に分かれ、尊氏は兵船七五〇〇余艘で瀬戸内海を、弟・直義は二〇万騎の兵で山陽道を東上し、各地で勝利をおさめていく。

しかし南朝方の抵抗も厳しく、足利尊氏はなかなか全国支配体制を固めることが出来なかった。一三三九年南朝の象徴・後醍醐が失意のうちに亡くなり、三代将軍足利義満の時代になると、辛うじて室町幕府の形らしきものが生まれていく。足利尊氏が京に上った後も、全国各地では、南朝方、北朝方が、それぞれの支配下の在地領主（国人・悪人）を巻き込んで、戦闘を続けた。瀬戸内海の要津・鞆の浦は、大きな戦乱を、二度も経験することになる。

一三四二年（康永1）中・四国の覇権をかけて南・北両軍は燧灘《ひうち》で海戦を行った。その後場所を鞆に移し、北朝側は小松寺、静観寺に、南朝方は大可島城に陣を構えた。攻防一〇日余、遂に北朝軍が勝利を収めたが、小松寺、静観寺の大伽藍は炎上し、鞆の町のほとんどが焼け落ちたといわれている。

また、それから七年後の一三四九年（貞和5）、今度は足利幕府内の対立で、立ち直りかけていた鞆が再び戦場となった。幕府系の高師直・師泰兄弟と、反乱軍にされてしまった足利直冬の戦争である。高師直らは小松寺へ、直冬らは大可島城へ陣を張り、当時は、鬱蒼とした森であった小烏《こがらす》の森で激しい戦闘を行った。圧倒的な高兄弟の軍に敗れた直冬は、九州に落ち延びていった。鞆は、瀬戸内海でもっとも重要な、政治的・戦略的な港であったので、貴重な建築物が戦火で失われてしまうことが多かったのである。

7 鞆物語――鞆ゆかりの人々（中世・3）

一五七八年（天正４）の早春二月八日、室町幕府第一五代将軍足利義昭を乗せた御座船が、毛利の配下である村上水軍の船に警護されながら、ゆっくりと鞆の浦に入って来た。港で将軍を出迎えたのは、鞆の安国寺住職・恵瓊《えけい》や鞆ノ津の代官を任せられていた村上亮康達である。村上亮康は村上水軍の総師村上新蔵人吉充の弟である。御座船から義昭とともに下りてきたのは、将軍の近臣で室町幕府の官僚である真木島昭光、上野秀政、六角義堯、武田信景、畠山昭賢らの錚々たるメンバーであった。

恵瓊達に案内されて、義昭は小松寺に入った。小松寺には、広島から駆けつけた西日本最大の大名・毛利輝元や、その下で備後を治めている小早川隆景、そして近隣の名だたる武将たちが、歓迎の宴を持つべく、待ち受けていた。

本来なら日本の最高権力者として、京都の御所で、政務を執っていなければならない将軍が、逃げるようにして何故鞆へ来なければならなかったのだろう。

平地区から見る鞆港

室町幕府は、江戸幕府などとは比較も出来ないほど弱い政権であった。とりわけ応仁の乱以降は、諸大名が入り乱れて闘い、〝幕府〟も〝将軍〟も名前だけが存在する、無政府状況が続いた。

足利義昭は、一二代将軍足利義晴の次男である。父義晴は、三好党などの、政権をないがしろにする家臣達に翻弄され、度々都落ちし各地を逃げ回る状態であった。義晴は途中で、将軍職を長男の義輝に譲り、一三代将軍足利義輝を誕生させる。この義輝も各地を転々として、なんとか二条の御所へ帰ってくるが、そこで臣下の松永久秀に襲われ殺される。この時義輝・義昭兄弟の母・慶寿院も、火中に身を投じて自死している。続いて一四代将軍に担ぎ出されたのが、将軍のいとこで、三好党の手の内にあった義栄《よしひで》であった。阿波（徳島県）にいた義栄は、将軍就任を機に京へ上ろうとして大坂までは辿り着くが、松永久秀と三好党の激しい対立は止まず、京に入ることは出来なかった。その半年後、一気に台頭してきた織田信長が義昭を奉じて京都に入り、一五代将軍にしてしまう。一五六八年（永禄11）の秋のことである。第一四代将軍義栄は在位半年余、足利の一五人の将軍のなかで、唯一人京都へ入れなかった悲しい将軍となった。

「下の者が上に克《か》つ」というまさに〝下克上〟の世の中である。

なんとか将軍にはなった義昭ではあるが、信長の天下統一のための飾り道具であり、あやつり人形としての立場に変わりはなかった。信長に建ててもらった二条の館で、反信長の気持ちを飼い太らせていく。

義昭は、「わたしこそが将軍だ」という強い自負と、野心を持った男だったので、いつしか密かに各地の大名へ、「信長を討て」と書状を送るようになる。将軍になって五年目、一五七三年（天正1）とうとう二条の館で挙兵するが、所謂かなう相手ではなく、軽く一蹴される。

信長に都を追放された義昭は、河内、紀州、堺へと場所を変えながらひそんでいた。

その間、信長は凄まじい勢いで天下統一への道をひた走り、東海・近畿を拠点にして、各地の大名をうち滅ぼしていく。

その信長に立ちはだかったのが、西日本最大の大名毛利であった。こうして冒頭のような義昭と毛利との出会いが生まれたのである。三二歳で将軍になった義昭は、この時四〇歳になっていた。因みに迎えた毛利輝元は二四歳、後見人小早川隆景は四三歳であった。この場面を裏で演出したのは、毛利の外交僧、安国寺恵瓊である。

室町幕府初代将軍足利尊氏が、光厳上皇から院宣をもらって京へ攻め上る御墨付を貰ったのがここ小松寺、そして一五代将軍義昭が、足利家再興の夢をかけて最後に辿りついたのも小松寺であった。

「足利幕府は鞆に生まれ、鞆で滅びた。」といわれる理由がここにある。

かつて平重盛が植えた手植の松が、尊氏から義昭までの、足利幕府の興亡を見続けたことになる。

この後、義昭は、宿舎にしていた小松寺を出て、毛利が城山の北に建ててくれた御座所へ移った。義昭はここを拠点とし、毛利の力を借りながら幕府の再興を志すことになる。毛利もまた義昭を利用しながら天下取りに動き出した。かくして鞆に、小さな幕府が出来上り、全国の大名が、義昭や毛利に会うために競って鞆参りをするようになる。東国の上杉、武田、北条や九州の島津、龍造寺、松浦等の使者が、貢物の名馬、名刀を持って拝謁に来た記録が残っている。

毛利軍と織田軍の激突は、大坂石山本願寺で始まる。信長に攻められ包囲され、飢餓状態に陥った本願寺側は、毛利に救援を依頼したのである。毛利はこれに応え、強力な村上水軍を主力とする毛利海軍の大部隊を、鞆から出陣させた。大坂木津川口の大海戦で、毛利海軍は織田水軍をうち破り、ついに包囲網を破って本願寺に兵糧米を届けることに成功した。毛利軍の勝利の背景には、安芸門徒と呼ばれる浄土真宗信者の強いネットワークが働いていた。

織田と毛利が、覇権をかけて激しく角を突き合わせている時、突如義昭を狂喜させる知らせが飛び込んできた。本能寺で信長が、かつて義昭の家臣であった明智光秀に討たれたというのである。足利幕府の再興の夢が、義昭の心の中で大きく膨らんだに違いない。明智光秀の謀反は、義昭の指示であったという人もいる。しかし情勢は、義昭の思うようには動かなかった。信長の家臣豊臣秀吉が、あっという間に天下を統一し、豊臣政権を誕生させたのである。

義昭は歴史上〝鞆公方《ともくぼう》〟と呼ばれ、また義昭が鞆にいた時代を〝鞆幕府〟という人もいる。また義昭の御座所があった所に、〝公所谷《くしょだに》〟という地名が残っている。

信長なきあと、毛利と秀吉は和睦する。身のおきどころがなくなった義昭は、熊野の常国寺、津之郷（福山市）、鞆山《しとみやま》（福山市深津町）と転々とし、最後には秀吉に拾われるようにして都へ帰っていく。義昭が鞆に下り立ってから、一一年の星霜が流れていた。室町幕府の歴史を辿るだけでも、鞆が政治的、戦略的にいかに重要な位置を占めていたかがよく分かる。

8　鞆物語——鞆ゆかりの人々（中世・4）

一六〇〇年（慶長5）、関ヶ原の戦で、徳川家康を総大将とする東軍は、毛利輝元が率いる西軍を敗り、天下の実権を握った。

家康は敗れた西軍の武将を、次々と捕えて処刑していく。その中に、鞆の安国寺を再建した、安国寺恵瓊《えけい》（一五三八頃～一六〇〇）がいる。

恵瓊は京都で捕えられ、大津（大津市）の家康の陣に突き出された。その後、石田三成、小西行長とともに大坂・堺の町を引き回されたあと、京都六条河原で斬首され、その首は三条大橋に晒された。

鞆に深い関わりを持つ、安国寺恵瓊について簡単に紹介しておこう。安国寺恵瓊は、室町時代安芸国の守護として権勢をふるった、武田氏の末裔である。広島の町を流れる太田川に沿って54号線を少し遡ると、太田川の流れに架かる祇園新橋に出る。橋の手前には、安芸の安国寺（今の不動院）があり、橋の上から祇園方面を見ると、北西に武田山（四一一

鞆・安国寺の釈迦堂

メートル）が聳えている。この山頂に、武田氏のかつての拠点〝銀山城《かなやま》〟があった。今、その麓には広島経済大学等の多くのキャンパスが並んでいる。一五四一年（天文10）、周防の守護大名・大内氏の配下であった毛利元就に攻められ、銀山城は陥落し、武田家は滅亡した。この時恵瓊は、竹若丸と呼ばれる四～五歳の幼児であった。恵瓊は、家臣に伴われて辛うじて城を脱出し、太田川を渡って安国寺（不動院）に身を隠し、僧侶となった。それから一二年の年月が流れ、仏道修行に励んだ恵瓊は、立派な青年僧となっていた。その恵瓊の前に、生涯の師となる恵心が訪ねて来る。恵心は、安国寺の総本山である京都・東福寺に属する当代一の禅僧で、朝廷や幕府からも高く評価され、後に東福寺住持職（管長）にまで上りつめる。因みに東福寺は、鎌倉時代に建立された京都五山の一つで、寺の名も奈良の東大寺や興福寺に負けじと、その一字ずつを取って命名された。

また安国寺は、南北朝時代に、室町幕府を興した足利尊氏・直義兄弟が、後醍醐天皇と南北朝の争乱の戦死者を弔うために、全国六十余州の国ごとに建立した寺院である。しかし室町幕府には、さほどの財力もなく、新しく造営されたものは少なく、各地にあった既存の寺を「安国寺」と改称し、寺の運営資金になるように、幕府が荘園（寺領）を寄進するという形をとることが多かった。備後の安国寺もその例に漏れず、鎌倉時代に建てられた、「金宝寺《きんぽうじ》」というお寺が改称されたものである。

恵瓊が、若い頃隠れ住んだ安芸の安国寺も新築されたものではなく、奈良時代の名僧行基が創建したとか、多くの伝説があり、南北朝時代に新築されたものではないことは分かっている。全国の安国寺は、室町幕府の衰退とともに寂れていき、廃寺になったり荒れたまま放置されるようになる。その室町時代の末期、戦国時代に、恵瓊は生を受けたのである。恵心に見出された恵瓊は、恵心と同じような人生の軌跡を歩んでいく。

当時の名高い禅僧は、大名たちが生死を賭けて戦う戦場にまで同道し、武士たちの信仰に深く関わっていた。また布教のため、雲水として全国を巡っていたので、都の動きや各地の大名の情勢をよく知っており、請われれば政治的、戦略的な指導や助言もした。時には対立している大名達の間に入って、紛争の調停にあたることもあった。恵心に対する毛利一族の帰依はとりわけ深かったので、その下で働く恵瓊に対する毛利の覚えもよかった。一五五九年（永禄2）、師・恵心は東福寺第二一三世住職となり、その後、恵瓊も広島安国寺の住職となった。この頃から恵瓊は、毛利の外交僧として、八面六臂の大活躍をするようになる。

織田信長が急激に力をつけ、足利義昭を奉じて都に上ってくると、織田と毛利は、激しく対立するようになる。恵瓊は毛利の外交僧として、和平交渉のため、度々信長やその配下の秀吉と会うようになる。その頃、都の政治状況を詳しく報告するために、恵瓊が毛利方へ送った長い手紙が残されている。

信長が本能寺で暗殺される、ちょうど一〇年前の手紙である。この手紙の中で近い将来信長が倒れ、秀吉が天下を取るかも知れないと、予想しているのである。安国寺恵瓊という男の、時代と人間を観る目が、いかに鋭かったかを物語るエピソードである。恵瓊はその後も、毛利のために全国を走り回り、信長と対向するために、毛利と足利義昭を結びつけ、〝鞆幕府〟を成立させた。

恵瓊は、冷静な知識人としての側面と、反面武士も舌を巻く剛胆さも合わせ持っていた。

彼が予言したように、一五八二年（天正10）六月二日の明け方、信長は本能寺で明智光秀に殺される。秀吉はその時、毛利の先鋒である清水宗治が籠る備中高松城（岡山市）を、二重三重に取り囲み、さらに水攻めにして大攻勢をかけていた。その秀吉軍の西南には、毛利の大軍が押し寄せていた。秀吉は、六月三日信長の死を知り、今度は自らが窮地に陥っていることを知る。秀吉は毛利軍に和平の講話を申し入れた。この時、両軍の和平の立役者になったのも恵瓊である。恵瓊は急造の湖の中に浮かぶ高松城へ、小舟で漕ぎ寄せて城へ入り、城主の清水宗治と会談した。和議の中味は「籠城している毛利側の兵は救済するが、清水宗治はその責任を取って切腹する。」というものであった。毛利軍にとって、忠誠を誓って戦う清水宗治を死なすことは、許すことが出来ない条件である。しかし恵瓊の説得に応えて、六月四日、清水宗治は両軍が見守る中、城から漕ぎ出した小舟の上で自刃して果てた。こうして毛利・織田（羽柴）の和議は成立し、秀吉は背後から追撃される恐れもなく、東へ取って返し、あっという間に明智光秀を打ち倒した。

この時から恵瓊は、毛利の外交僧でありながら、秀吉の信頼も得て、天下人を目指す秀吉の外交にも、深く関わるようになる。

秀吉の全国平定、そして朝鮮出兵にも付き従い、恵瓊はとうとう伊予六万石の大名にまでなった。また僧侶としても出世の道を駆け上り、一五九八年ついに第二二四世東福寺住職に就任し、一六〇〇年三月、南禅寺の住職も兼務するようになった。恵瓊が処刑されたのは、その年の一〇月一日である。

恵瓊の故郷への思い入れは強く、鞆や広島の安国寺の住職の立場も終生外れることはなかった。恵瓊は、荒れ果てていた鞆の安国寺を、美しい大伽藍を誇る寺として再興した。残念ながら大正時代（一九二〇年）の大火で、安国寺は釈迦堂を残すだけとなった。

鞆の安国寺だけでなく、恵瓊は建仁寺（京都）の方丈や、紅葉で名高い東福寺の通天橋等、実に多くの豪壮華麗な建築を手がけている。厳島神社の千畳閣や不動院金堂（広島）等も恵瓊が故郷に残した文化遺産である。

徳川幕府に逆らったために、その後の恵瓊には、帝政ロシア期のラスプーチンのような、悪僧・妖僧のイメージがつきまとうことになる。徳川時代に入ると、恵瓊の寺であったというだけで、安国寺には誰も寄りつかなくなり、無宿者の住処になったりして、荒れ果てていく。

9 鞆物語——鞆ゆかりの人々（近世・1）

戦国の長い戦いが終わり、徳川幕府によってやっと平和な時代が到来した。幕府や各地の大名達は、長い戦乱で荒れ果て、疲弊しきった国土の回復・再生に取り組まなければならなかった。国土再生のために、まず取り掛かったのが交通網の整備である。

幕府は五街道を中心とする、全国の道路網の整備を急いだ。また地元でも、安芸・備後の太守福島正則が、幕府に倣《なら》って、領内の道路、橋梁の整備を始める。この時、正則は、山陽道の神辺宿と三原宿の距離が長すぎるとして、その中間に新たに今津宿を設けている。安芸・備後の太守としての福島正則の治政は、僅か一九年であった。

関ヶ原の戦で、徳川方に与《くみ》したといえども、正則は豊臣秀吉の側近であったが故に、徳川家に睨まれ、遂には所領を没収され、広島を追われることになる。この後、正則は領民を顧みない酒乱の暴君であったというレッテルが、徳川方によって貼られ、今でもそのイメージが強い。しかし正則は、畳表になる藺草栽培の普及や、備後鉄の良質化・商品化等の優れた政策を推し進めている。特に注目すべきことは、領内の瀬戸内海航路を整備するために、鞆と三之瀬（呉・下蒲刈）に、立派な〝雁木《がんき》〟を築いていることである。

正則がこの地を去った後も、鞆の港は福山藩や豪商達によってどんどん改修され、名実ともに瀬戸内海屈指の良港として発展していく。鞆の浦には、江戸時代の良港の必須アイテムとも言うべき、潮の干満に関わらず、いつでも船が接岸できる〝雁木〟、防波堤の〝波止《はと》〟、船を修理する〝焚場《たでば》〟、灯台の役割をする〝常夜灯〟、そして出船・入船を管理・監督する〝船番所跡〟が、そっくりそのまま残されている。こういう港は、日本には、もう鞆の浦しかないのである。

それでは、この世界遺産に匹敵する、美しい港を利用した江戸時代の人々を紹介しておこう。

○朝鮮通信使

江戸時代、鞆港を利用した最大最高の船団は、朝鮮通信使である。徳川将軍の代替りの時、新将軍に対する表敬の意を込めて、朝鮮王朝からのべ一二回に渡って派遣された使節を、朝鮮通信使と呼ぶ。朝鮮通信使は、往路、復路ともに、必ず鞆港に碇を下ろしている。

江戸幕府は、鎖国をして極東の海の中に孤立していたのではない。ヨーロッパに対しては、長崎に出島を設け、オランダと交流し、アジアに向けては同じく長崎に中国人の居留地を造り、通商と人的交流を続けた。また薩摩藩には琉球との、そして松前藩にはアイヌとの交流を命じている。表むきには鎖国の形を取りながら、実は四つの窓口を開いて世界と向きあっていたのである。

徳川幕府は、その外交上の四つの窓口を、朝鮮と琉球は通信の国（信義を交わす国）とし、中国とオランダは通商の国（貿易の国）として位置づけていた。とりわけ朝鮮は唯一正式の外交関係のある国であったので、他との差が截然《せつぜん》としている。朝鮮通信使という名の、由縁である。

一二回にわたる朝鮮通信使を派遣した朝鮮側は、その度ごとに巨大な六隻の使節船と、献上品等を載せる卜船という多くの貨物船を建造した。これらの通信使の船団は、福岡から大坂までは、幕府の命によって各藩が徴用した七〇〇艘あまりの護衛船に守られての、海上の大パレードとなった。第一一回宝暦度（一七六四年）の通信使を迎えた広島藩の記録が、三之瀬に残されている。

広島藩負担の宝暦度の船数は、藩の船である「御船」が一〇一艘、民間から徴発する船が五七五艘、総数六七五艘。これに乗り組む船頭と水夫《かこ》（船をこぐ者）の総数四七五人。幕府

に提出した報告によると広島藩の支出は、二万二千両である。（『広島藩・朝鮮通信使来聘記』による）

広島藩は、朝鮮通信使の船団と、それを対馬から護衛して来た対馬藩の船団を、先導し護衛する形で、蒲刈から鞆までやってくる。その船の数は一〇〇〇艘に近かった。また福山藩も同じような体制でこれを迎え、次の牛窓（岡山）へ送り届けなければならない。海路用に造られた通信使の船は、大坂に繋留され、ここで彼らの帰りを待つことになる。大坂から京の淀までは、幕府や西国の有力大名が所有する川御座船《かわござぶね》が利用された。川御座船は、河川を行く喫水の浅い船で、西国大名が参勤交代の時大坂から京まで遡る時に利用された。

二階建ての屋形を設け、まさに船の上に朱塗りの宮殿が載せられたような各藩の川御座船が、江戸時代には大坂の河口でその豪華さを競っていた。豪華な川御座船と護衛の船団は、朝鮮通信使の音楽隊が奏でる、笛・琴・鼓・銅鑼等の朝鮮宮廷音楽が流れる中、京に向かった。この大船団の船々を曳くために動員された百姓は、のべ四万人を超えた。また大坂から京までの淀川の両岸を、美しく着飾った老若男女の見物客が埋めつくした。京から江戸までの行程は、一〇万石以上の大名が接待を受け持ち、東海道を陸行した。

この華やかな行列の、最初から最後までを見物するためには、五時間以上の時間がかかったという。日本列島を、ほぼ縦断していく朝鮮の超一流の知識人達の行進は、沿道各地で多くの文化的な交流を行い、日本文化に様々な影響を与えた。

日本と朝鮮は、古代からともに中国の文化に圧倒的な影響を受けた歴史を持ち、朝廷、幕府等の公では漢文を使い、漢字を利用する国である。だから両国の役人達は、会話は出来なくとも、筆談すれば意思を通ずることができた。鞆の対潮楼でも、日本各地から駆けつけてきた日本の文人と朝鮮通信使は、夜を徹して儒学や漢詩のことを、筆談して交流したのである。

10　鞆物語――鞆ゆかりの人々（近世・2）

朝鮮通信使は、徳川家の将軍が代替りした時、祝賀の意をこめて来日することが慣わしになっていた。一二回に渡る朝鮮通信使の一覧を示しておきたい。（表―次頁）

使節団は、正使・副使のほか、通訳・記録官（製述官という）・画家・医師・武官・事務官・音楽家・芸能人などで構成されており、古代の遣唐使のような、国を挙げての知識人、文化人の集合体の使節であった。通信使の漢城（今のソウル）から江戸間での旅を点描してみよう。

漢城（ソウル）を出発した約五〇〇人の朝鮮通信使は、朝鮮半島を南へ陸行し、釜山からは新造した五艘余の外洋船に分乗し、対馬に向かう。対馬からは、対馬藩の約二五〇艘の船が先導と護衛を兼ねて付き従い、玄界灘、瀬戸内海を航行し、大坂へ入った。大坂からは川御座船で淀川を上り、淀（京）で上陸し、淀からは東海道を経由して江戸へ向かった。

江戸時代朝鮮通信使一覧表

回数	西暦（元号）	目的	総人員
第一回	一六〇七年（慶長12）	日朝国交回復等	四六七
第二回	一六一七年（元和3）	捕虜返還等	四二八
第三回	一六二四年（寛永1）	家光襲封祝賀	四一四
第四回	一六三六年（寛永13）	泰平の賀	四七五
第五回	一六四三年（寛永20）	家綱誕生祝賀	四六二
第六回	一六五五年（明暦1）	家綱襲封祝賀	四八八
第七回	一六八二年（天和2）	綱吉襲封祝賀	四七五
第八回	一七一一年（正徳1）	家宣襲封祝賀	五〇〇
第九回	一七一九年（享保4）	吉宗襲封祝賀	四七五
第一〇回	一七四八年（寛延1）	家重襲封祝賀	四七五
第一一回	一七六四年（明和1）	家治襲封祝賀	四七二
第一二回	一八一一年（文化8）	家斉襲封祝賀	三三六

（筆者作成）

この朝鮮通信使に対する接待は、幕府と各藩の総力をあげての大事業であった。徳川幕府は、通信使を迎える度に、約一〇〇万両の経費を使っている。さらに各藩の分担が、これに上乗せされる。

史料を捲《めく》ってみると、幕府の一七〇九年（宝永6）の年間総収入は、約七七万両とある。朝鮮通信使の接待費は、幕府の年間予算をはるかに越えていたのである。一七一九年（享保4）、八代将軍徳川吉宗の将軍職襲位を祝うために、第九回目の通信使が日本を訪れている。その時の製述官・申維翰《しんゆはん》が著した『海游録』という日本紀行文が、朝鮮通信使の旅の様子をよく伝えている。それでは『海游録』にしたがって、この時の通信使の様子を、とくに輌に焦点をあてながら描写してみよう。

第九回目となる通信使四七五人は、四月一一日漢城出発。四月二〇日釜山出航。二七日対馬・厳原着。対馬で出迎えた対馬藩主・宗方誠ら約三〇〇人の藩士は、通信使を護衛する形で同行し、大船団となって大坂へ向かった。途上、各藩の篤いもてなしを受けながら、八月二七日広島藩内の呉・蒲刈に到着。翌日、広島藩の船団に守られながら鞆の浦に向かい、その日の午後到着した。申維翰はその日のことを次のように記している。


韜浦（朝鮮での鞆の浦の呼称）は、備後州に属する。通信使の代表が泊るのは福禅寺である。寺は海岸の山の下にあり、建物がとても大きい。

港から使館・福禅寺にいたるまではほぼ六、七里（朝鮮里は日本里の一〇分の一）である。路上にはことごとく重席（ゴザ）を敷き、一点の塵もない。五歩ごとに一本の竿を建て、竿には一つの大燈（大提灯）を懸け、もって路をはさむ。夜なのに昼のようである。

瓦葺きの屋根の立派な家がぎっしりと隙間なく並ぶ。見物の男女が美しい着物を着て、街にいっぱいである。街中には商店、倡娥（遊女）、金持ち達の茶屋が多い。赤間関（下関）より東ではここが一番の都会である。港を囲む三面の山は美しく高い。港は石で堤が造られ、平らに整備されている。周辺の松、杉、橘、ゆずなどの木々が逆さに水面に映り、鞆の

浦に来ると、誰しもがこの街が一番美しいと主張してゆずらない。（『海游録』平凡社、一九七四年より）

長い船旅を余儀なくされた朝鮮通信使達が、もっとも心待ちにしていたのが、先輩たちから伝え聞いている美しい港街、鞆の浦に寄港することであったという。こうして通信使達は鞆の浦のことを〝日東第一形勝〟（対馬より江戸までで一番美しい景色という意味）と呼ぶようになった。一七一一年（正徳1）の第八回通信使の従事官・李邦彦が揮毫したこの言葉が、木額にされて、今でも福禅寺に残されている。

この福禅寺の境内に、福山藩が建設した客舎を、〝対潮楼〟と命名したのも第一〇回の通信使である。

鞆の保命酒屋・中村家に残されている福山市の重要文化財『中村家日記』には通信使のことが次のように記されている。

第一一回（一七六四年）の時の記録である。

正月一一日酉（午後六時）。通信使到着。

鞆港の東南端から、通信使の代表の宿福禅寺までの道筋に筵《むしろ》を並べ、その上に緋毛氈《ひもうせん》を敷

朝鮮通信使の宿（福禅寺・対潮楼）

いた。

　その他の宿にもそれぞれ筵を敷並べたのでその数が三五〇〇枚を越した。立てた高張灯燈の数は六六〇〇、ろうそくは四万本で夜が昼のようであった。

　対馬藩士五〇〇人余は五〇艘、朝鮮の大型船は五艘で入って来た。（『中村家日記』より）

　鞆港には歓迎や護衛のために藩内の各浦々から集められた御馳走船三〇〇艘が、灯をつけて待機していた。通信使が寄港する度に鞆の街には、通信使約五〇〇人、対馬藩士約三〇〇人、福山藩士三〇〇人以上、さらに他藩からの応援部隊の藩士等々あわせて一五〇〇人から二〇〇〇人の人々が宿泊することとなり、各寺院、各商家がこれを分担した。さらに周辺からの多くの見物人が詰めかけ、鞆の街はカーニバルのような騒ぎになった。

この通信使一行の五〇〇人以上の接待を受け持つ、沿道各藩の負担も膨大なものであった。海路では、宿泊や昼休憩には港の近くにある格式の高い有名な寺院や、豪商の屋敷が利用された。大坂から江戸まで陸路の接待は、一〇万石以上の大名がこれにあたった。宿泊所となった有名な寺院には、西本願寺（大坂）、本国寺（京都）、性向院（名古屋）、東本願寺（江戸）等がある。

○琉球使節

朝鮮と同じように、幕府がもう一つ通信の国（信義を交わす国）と位置づけていたのが琉球である。

琉球王国は、東アジアの海の中心に位置するという地の利を生かし、海洋貿易で繁栄した国であった。しかし一六〇九年薩摩藩兵三〇〇〇人の侵攻を受け、それ以降対外的には独立国の形をとってはいたが、薩摩に支配されるようになった。

徳川時代には、徳川将軍の代替りの時に、それを祝う形の〝慶賀使〟と、琉球国王即位の時の〝謝恩使〟を派遣しなければならなくなった。この二つの使節が江戸に上ることを

〝江戸上《のぼ》り〟といい、江戸時代一八回の〝江戸上り〟が記録されている。中国風の衣服と立居振舞をするようにと、薩摩藩に強制された約一〇〇人の使節は、六月頃季節風に乗って、那覇を出て、鹿児島の山川港に入港する。そこから鹿児島藩士約三〇〇人に警護されて、長崎、下関を経て、瀬戸内海を通って江戸に上った。異国を支配する薩摩の力と、異国から使節がやってくる幕府の権威を、国内外に見せつける示威行進をさせたのである。この使節も鞆に宿泊した。小松寺の墓地には、旅の途中で病を得て、鞆で不慮の死を遂げた琉球使の墓が、ひとつ寂しそうに建っている。

11　鞆物語――鞆ゆかりの人々（近世・3）

○シーボルトとオランダ商館長

江戸時代、長崎の出島にはオランダ商館が有った。オランダ商館は、オランダが東洋貿易の為に造った貿易会社のオランダ東インド会社の出先機関である。オランダ商館長（カピタン）には、西洋で唯一、日本と貿易をさせてもらっているというお礼に、江戸へ上って将軍に謁見し、高価な献上品を贈るという〝江戸参府〟が義務付けられていた。当初は毎年一回であったが、一七九〇年（寛政8）からは四年に一回となり、都合一六七回の江戸参府が記録されている。

オランダ商館長と、オランダ商館長付きの医者、書記等のオランダ側数名に、幕府側の通訳と警護の役人等の約五〇～六〇人の一行は、長崎を発ち、長崎街道を陸路小倉まで進み、ここから船で兵庫に向かい、再び陸行して江戸に入った。この江戸参府の一行も、〝潮待ち、風待ち〟の為に、鞆の浦へ立ち寄ることがあった。

その江戸参府の一部始終を、詳しく書き留めたのがケンペル（一六五一～一七一六）と、かのシーボルト（一七九六～一八六六）である。この二人のドイツ人はともにオランダ商館付きの医師で、また優秀な博物学者であった。

シーボルトが著した『江戸参府紀行』（斎藤信訳、平凡社、一九九四年）を引用しながら、当時の鞆の浦のことを紹介してみよう。

一八二六年一月九日シーボルトは、商館長スチュルレルに随行して、長崎・出島を出発し、五四日後の三月四日に江戸に入っている。江戸では多くの大名や高名な医者達と交流しながら謁見を待つことになる。それから二〇日後の三月二五日、江戸城において第十一代将軍家斉の謁見を賜った。四月一二日、江戸を発ち長崎への帰途に着く。京、大坂の名所を見物したあと、五月一四日夜、日吉丸という船で兵庫港を出た。三日後の五月一七日の夜遅く、船は鞆の浦の沖合・仙酔島の東へ到着し、ここで碇を下ろしている。ここからはシーボルトの文章を引用しよう。

五月一八日朝、引き舟にひかれて鞆の港にはいる。正午ごろ上陸。たいへんきれいな町並みで、船の出入りがあり活気にあふれた町である。たくさんの小売店があるが、大部分は船員用の品物や蓆《むしろ》・綱・帽子・草鞋《わらじ》などの藁製品である。東北の側にある港は、概して小さい日本船には都合の良い停泊地で、北側にはたいへん頑丈な堤防、西南の側は町と高い山があって港を守っている。港外は三尋《ひろ》（約五メートル）の深さであるが、港内はもっと浅く、私の考えではヨーロッパの船は入港できない。けれども約半マイル離れた所に同じような好条件で錨を降ろすことができる。町の長さは一五町（五五〇メートル）で、手入れの行き届いた住居は裕福なことを物語っており、住民は数千にのぼるようである。われわれは何軒かの家を訪ねたが、心から迎えてくれた。私は町の郊外にある医王寺に出かけた。数百フィートの険しい山を登ると、その山の背に寺がある。夕方船にもどり、夜半に三〇隻の引き舟で港外に出る。（斎藤信訳『江戸参府紀行』より）

シーボルトは、医王寺に上り、鞆の草花や昆虫の観察をし、福禅寺や小松寺等にも足を伸ばしている。遊女屋にも興味が有ったようで、日本でもゆびおりの遊郭有磯《ありそ》町の〝籠《かご》藤《とう》〟にも顔を出し、二人の遊女を呼んで遊んでいる。また当時鞆土産として有名であった、小松寺にある平重盛の手植えの松の版画「小松寺庭松之図」を買っている。オランダのライデンの国立民族学博物館には、シーボルトが日本から持ち帰った多くの民芸品が陳列されており、この版画も置かれている。

シーボルトは、長崎の郊外で鳴滝塾を開き高野長英、小関三英ら全国から集まってくる弟子達に、医学や西洋諸科学を教え、日本の近代化に大きな貢献をした。
郷土の偉人窪田次郎の父・亮貞もシーボルトの教え子である。

○弥次《やじ》さんと喜多《きた》さん

十返舎一九《じっぺんしゃいっく》（一七六五〜一八三一）の名作に『東海道中膝栗毛』という滑稽本がある。栃面屋《とちめんや》弥次郎兵衛と元旅役者の喜多八の二人が、伊勢参りを思い立ち、東海道の宿々でばからしい失敗を繰り返しながら、京、大坂まで旅をするという物語である。膝栗毛とは、自分の膝を栗毛の馬の代わりにするという意味で、徒歩で旅行をすることである。

かつての有磯町。右奥に“籠藤”、左手にバベの木のある庭。奥に見えるのは円福寺（大可島）

フィクションであるが、実はこの弥次さん喜多さんは、鞆の浦にもやって来ているのだ。東海道の旅が終わると休む暇なく大坂から船で金毘羅に参り、そこから今度はまた船で、鞆を経由して次の厳島へ参っている。実はこの一九の膝栗毛は、最初はまったく評価されず、出版さえおぼつかない状況で、江戸から箱根までの短い旅の物語だった。ところが出版すると爆発的なベストセラーとなり、続編をどんどん書かなければならなくなった。東海道から金毘羅へ、そして宮島へと旅は続く。さらに木曽街道善光寺詣、次いで草津温泉へと、膝栗毛は続編が発行され、とうとう弥次・喜多の二人は江戸を出て二一年間も旅をする羽目になったのである。

『厳島参詣膝栗毛』のクライマックスは、実在した鞆の遊郭〝饅頭屋〟に泊った二人が、地元の娼妓と引き起こすいつものドタバタ劇である。弥次・喜多が、宿の二階から隣の遊郭の女が、ババの木のある庭で行水しているのを、覗いたりする場面もある。そのババの木だけは、今でも残っている。

十返舎一九が描いた江戸時代の鞆の浦の生々しい実像が面白い。

これだけ鞆のことを描けるのだから、おそらく十返舎一九も鞆の浦や鞆の遊郭に来たのだろう。

12　鞆物語——鞆ゆかりの人々（近世・4）

フィクションではあるが、江戸の庶民の代表的な存在である弥次さん喜多さんが、鞆の浦にやって来たということは、既にこの時代、日本は庶民が安心して気軽に旅が出来る、世界でも稀有な国であることを物語っている。

一七七六年（安永5）オランダ商館長とともに江戸参府したスウェーデン人医師C・Pツェンベリーは、日本の街道を次のように書き残している。

道路は広く、かつ極めて保存状態が良い。

旅人や通行人は常に道の左側を行くという良くできた規則がつくられている。その結果大小の旅の集団が出会っても、一方がもう一方を邪魔することなく互いにうまく通りすぎるのである。

この規則は、他の身勝手な国々にとっては大いに注目に値する。なにせそれらの国では、地方のみならず都市の公道においても、毎年年齢性別を問わず—特に老人や子どもは—乗り物にひかれたり、ぶつけられてひっくり返り、身体に障害を負うことが珍しいことではないのだから。—中略—

この国のきれいさと快適さにおいて、かつてこんな気持ち良い旅ができたのはオランダ以外にはなかった。（高橋文訳『江戸参府随行記』平凡社、一九九四年）

世界でも例を見ない安全な旅が出来る国を創出したのは、大名の参勤交代という、幕府の特異な支配制度である。

天下を握った家康は、全国的な道路網の整備に着手した。一里を三六町に定め、一里ごとに一里塚を築き、相対するように松を植えさせた。並木も奨励し、各所に美しい松並木や杉並木が生まれた。街道の宿駅には運送用の馬（伝馬）を置き、それが不足した場合に近隣の人馬を動員させる助郷制も定めた。さらに公用で往来する幕府の役人や大名の為の旅館として本陣・脇本陣を定めた。これに伴い、一般の人にも整備のととのった賄い付きの宿も生まれた。海の宿駅も決められ、広島県では鞆や三之瀬（下蒲刈）には桟橋としての雁木等が整備された。こうして大規模な大名の参勤交代という長旅が可能になり、庶民にも気楽に旅が出来るようになったのである。

江戸の中期、寛文期（一六六一〜七三年）になると、幕府の命を受けた河村瑞賢によって北国から日本海を南下し、下関から瀬戸内海を通って大坂へ入る海路、すなわち西廻り航路が開発される。それまでは米や海産物等の北国の物資は、若狭湾から琵琶湖経由で都や大坂へ運ばれていた。北前船は、単なる輸送船ではなく、それぞれの港で積荷を売り、そこで仕入れてまた別の港で売るという、総合商社のような船であった。船頭は大店《おおたな》の番頭の役割を果たし、〝知工《ちく》〟という事務長、〝表《おもて》〟という航海士等のスタッフを従えて、荒れる海に富を求めて乗り出していった。

北国から大坂への〝上り荷〟は、昆布、数の子、身欠きニシン等の海産物がほとんどであった。とりわけ江戸時代の農産物増産を支えた「干鰯《ほしか》」「鰊粕《にしんかす》」（脂を搾ったイワシやニシンをほした肥料）は、各地で飛ぶように売れた。県北で生まれた私の母の実家にも、駄屋の片隅に「鰊粕」の入った麻袋が、幾つも積んであったのを思い出す。また瀬戸内海地方から北国への〝下り荷〟は、塩を中心に紙、米、酒、酢、砂糖、わら製品、衣料等であった。かつて備後の人達が陶磁器のことを〝からつ（唐津）〟と呼んでいたように、信州の人は、塩のことを、〝たけはら〟と呼んだ。北前船で運ばれた竹原の塩は、新潟の糸魚川で荷揚げされ、千国《ちくに》街道を通って信州各地で販売され、塩と言えば竹原産であったのだ。「千石船」は、一航海で千両を稼ぐといわれ、北前船の船主は、莫大な富を築き、各地に豪商が生まれた。ちなみに千両は、米価で換算すると現在の約一億円に相当する。それでは北前船で富を蓄えた、特に有名な大船主を紹介してみよう。

◇本間四郎三郎

酒田（山形）の大豪商で、大名を凌ぐほどの権勢を誇り、〝本間様には及びもせぬが、せめてなりたやお殿様〟と囃したてられた。太平洋戦争終了後の、ＧＨＱの農地改革までは、日本一の大地主であった。ゴルフクラブを製造する本間ゴルフ㈱は、その末裔である。

◇銭屋五兵衛

通称〝銭五《ぜにご》〟とよばれた金沢藩の御用商人である。持ち船の帆に加賀藩の〝梅鉢〟の家紋を入れて他の船主を圧倒したので「海の百万石」と渾名《あだな》された。全所用船舶は二〇〇艘で、全国に三四の支店を置いていた。銭五の船は、蝦夷《えぞ》、エトロフ、ロシア、香港、アモイへ出向き、ロシアやアメリカと通商した。加賀藩を後ろ盾にした幕府禁制のいわゆる密貿易である。全盛期には、三〇〇万両の資産と、オーストラリアのタスマニアまで領地を持っていたという伝説さえ残っている。

◇大和田荘七

敦賀（福井）の大豪商で、明治以降は金融業に転じ、大和田銀行を興した。この銀行が後に三和銀行そして東京三菱ＵＦＪ銀行へと繋がっていく。

◇右近権左衛門

越前河野浦（福井）の大豪商で、現在の日本興亜損保の源流《ルーツ》である。

北前船で築かれた巨大な富は、今に継承され、日本の現代資本主義の屋台骨になっている。その北前船が、瀬戸内海で寄港した港が、この地方では鞆、尾道、御手洗（大崎下島）等であった。その船の荷をそれぞれの港で扱うのが廻船問屋で、最盛期鞆には五五軒有った。

各地の廻船問屋も富を蓄え、豪商が生まれていく。鞆の上杉家（大坂屋）、尾道の橋本家（灰屋）、御手洗の金子家（三笠屋）などが、その代表的存在である。

豪商達は学問を好み、茶や能を愛し、また著名な文人のパトロンとなって彼らを招いて交流し、書や画を学び、名品の蒐集に糸目をつけなかった。

鞆の上杉家は「大坂屋」と呼ばれる、瀬戸内海屈指の大富豪であった。鞆の関町にあっ

かつての大富豪上杉家（大坂屋）。今残っているのは門楼のみである。

た屋敷は、七七〇坪、蔵だけでも一四棟有った。現在の福山市役所鞆支所の南に、かつての大坂屋の門楼だけが残っている。江戸時代この門楼の前の石垣の下はすぐ海で、大坂屋専用の船着き場が有り、船荷の出し入れに使用されていた。仙酔島に相対したこの門楼の二階には、豪華な座敷や茶室があり、上杉家を訪れる賓客を持てなす場となっていた。鞆を訪れた多くの文化人は、ここをサロンとして、詩歌を詠み、絵筆を揮っていたのである。その代表的人物が、頼山陽と田能村竹田である。この門楼を〝對僊酔楼《たいせんすいろう》〟（対仙酔楼）と命名したのも頼山陽である。また頼山陽の造語〝山紫水明〟という四字熟語も、ここで生まれたといわれている。

13 鞆物語――鞆ゆかりの人々（近世・5）

江戸時代の後期、日本の武家の歴史を詩情溢れる漢文で書き上げた『日本外史』（全二十二巻）の著者・頼山陽や、彼の親友であった画家・田能村竹田（豊後・竹田の人）は、鞆の大豪商・上杉家（大坂屋）に逗留し、ここで多くの書画をものにしている。上杉家と山陽や竹田の関係は、スケールの差はあるが、ルネサンス期のイタリアの大富豪フィレンツェのメディチ家とダ・ヴィンチやミケランジェロの関係によく似ている。しかし、「浜の真砂が尽くるとも、よに大坂屋の銭は尽きまじ」とまでいわれた大坂屋も、明治という新しい時代の趨勢には敵わず、倒産してしまう。

古来から「潮待ち、風待ち」の港として、多くの帆船が出入り栄えた鞆の津は、潮や風をものともしない蒸気船の登場と、大量の物資を高速で運ぶ〝陸蒸気《おかじょうき》〟と呼ばれた鉄道の敷設が重なって、歴史の舞台から滑り落ちていく。

『鞆今昔物語』を著した郷土史家・表精《おもてまさし》氏は上杉家の最後を次のように記している。

十一・十二代平佐衛門の代に明治の変革に遭い、今までの商取引は全面的に廃止され、加えて山陽鉄道（今のＪＲ山陽本線）の敷設は鞆の諸産業に徹底的な打撃を与えた。

かくして大富豪の大坂屋は倒産した。財産処分に当って、問題は書画、骨董、什器類の処分で、大量の宝ものは田舎では捌ききれないとして大阪に船便で三往復したと伝えられている。この一事を見ても、二百年に亘る富の深さが偲ばれる。当時大阪の資産家達は、目の色を変えて競争のせり市に参加したとか。

勿論その中には山陽の書、竹田の画も含まれていた。鞆では対潮楼で二回に亘り競売されたが逸品と見られる物は少なく、その中での良い品は殆どが当時の実力者、〝林半〟〝酒井家〟が買い上げた。明治三十五、六年のことである。（表精『鞆今昔物語』個人出版、一九七四年より）

かつての上杉家を偲ばせるものは、唯一、残っている門楼と祇園さんの本殿正面の標《しめ》柱《ばしら》に刻まれた〝大坂屋〟の刻字だけである。その上杉家と鎬《しのぎ》を削った豪商が、保命酒屋の中村家であった。保命酒は清酒ではなく、糯米《もちごめ》を原料とした焼酎に、十六種類もの漢方薬を配合した薬用酒である。

保命酒は、十七世紀のなかば、大坂から鞆にやって来た中村吉兵衛吉長が「十六味地黄保命酒」と名付けて製造販売したのが、その始まりだとされている。その製造法は門外不出とされ、福山藩は保命酒の製造販売権を、中村家に独占させた。保命酒の販売は、福山藩の江戸屋敷が窓口になり、全国に出荷されていた。また江戸藩邸では、福山藩士が裃《かみしも》を着て、町人にも小売していたというエピソードがある。いつしか保命酒は、宮中や幕府、そして大名達の間で、高級贈答品として扱われるようになり、福山藩の財政を大いに潤し、中村家にも巨大な富をもたらした。保命酒がもてはやされたのは、この酒の独特の旨さに加えて、その容器である徳利の芸術的な美しさにある。江戸時代には、備前焼を主として、三田、伊万里、砥部、高取、信楽等の全国の有名な陶磁器が保命酒の徳利として用いられていたことが分かっている。中村家の注文に応じて、美しい形状、鮮やかな絵付をした徳利が、各地の窯元から納入されていたのである。中には朝鮮通信使が詠んだ、鞆の景色や保命酒を言祝《ことほ》ぐ漢詩を入れたものもあり、粋人や文人墨客達を魅了した。

しかし幕末になると、ここ福山藩も例にもれず財政が逼迫してくる。そこで福山藩は他国からの陶磁器の買入れを止めて、自前で製造することを奨励するようになる。こうして誕生したのが府中の洞仙《どうせん》焼、福山の木之庄焼（現・誠之館高校の東南の山麓）、岩谷焼（福山市引野町）である。そして最後には中村家が、自家用の窯・鞆皿山《ともさらやま》焼を作ることになる。

鞆港のシンボル常夜燈から、船で阿伏兎観音の方へ向けて五キロばかり行くと、無人島の津軽島がある。余談になるが、俳優の火野正平が「にっぽん縦断・こころ旅」（NHK・BS）で、鞆に来た時、グリーンラインの上から眺めていたのがこの島である。この島の正面、鞆町後地の孤崎の近くの浜に、鞆皿山焼の窯跡が残されている。山の斜面に添う十二室の連房式の巨大な登り窯で、現存する江戸末期の窯では、全国でも最大規模なものだといわれている。一六〇〇年代、福山には、姫谷焼という、伊万里（佐賀）や古九谷（石川）とともに三大赤絵と称される伝説のやきものがあった。しかしその作品は献上品であって、民衆のためのものではない。しかもその作陶期間はわずか二〇年、残された作品も二〇〇余しかなく、まさに幻のやきものである。それに較べ、姫谷焼以降に生まれた備後のやきものは、高価な保命酒徳利から庶民用の安い徳利、さらには皿や花瓶等の日用雑器、漁業具のタコ壺にいたるまで、何でも作っていた。白磁に濃いブルーが鮮やかな洞仙焼、備前によく似た木之庄焼、艶《あで》やかな色彩が輝く岩谷焼、〝かずら通し〟と呼ばれる、紐《ひも》（または蔓《つる》）を通す可愛い穴がある鞆皿山焼は、何れも完成度が高く、備後の人々の美意識の高さを証明している。今でも私達の生活の中で備後のやきものと気付かれずに使われているものが少なくない。残念なことに、どの窯も絶えてなくなっているので、小さな蒐集館でも作って、備後のやきものを後世に伝えたいものである。

さて上杉家の屋敷は、関町に門楼を残すだけであるが、保命酒家中村家（今の太田家）

の屋敷は、今でも鞆の港の中央の、岬のように突き出した浜にある。岬の突端の常夜燈に向かう石畳の小路の両側に、江戸時代の豪商の佇まいをそのまま残して立っている。その時代、この辺りは〝保命酒浜〟とも呼ばれていた。常夜燈に向かって、道の右側（西側）にあるのが本邸で、左側（東側）にあるのが朝宗邸という別邸である。贅を尽したこれらの建物は、西国大名達が宿泊する〝海の本陣〟でもあった。

明治維新前夜、一八六三年（文久3）八月一八日、京の都で大きな政変が起きた。薩摩や会津等の公武合体派が、それまで主導権を握っていた長州らの尊王攘夷派を失脚させ、権限を奪ったのである。長州藩は禁門護衛の任を解かれ、長州と手を結んでいた公卿達も朝廷から一掃された。三条実美《さねとみ》ら七人の公家は、長州兵四〇〇人に守られながら辛うじて京を脱出し、長州へ逃げ落ちていく。いわゆる「七卿落ち」である。

岩谷焼
（菊花山水絵撫角徳利）

八月二二日午後八時頃、実美らの船は鞆へ立ち寄り、中村家で一休みした後、夜中に風雨をついて糸崎へ向けて船を出している。一刻も早く安全な長州へ辿り着きたかったのである。翌年七月、京に戻ろうとして再び、鞆へ立ち寄った実美達は、朝宗邸で長い軍議を開いている。長州が蛤御門でまた敗れたというニュースを聞いて、京に向かうか再び長州に戻るか、逡巡していたのである。結局彼らは長州に戻っていく。

次の歌は三条実美が、その時詠んだ歌である。

世にならす
鞆の港の竹の葉を
かくてなむるも
めづらしの世や

〈訳〉

世のだれもが知っている鞆の保命酒を、都からここに来てこうやって飲んでいる。時代が激しく動いているとはいえ想像さえしなかったことである。

鞆の浦は、江戸から明治に変わろうとする、激動の時代の舞台になるほど重要な港であった。

14 鞆物語——鞆ゆかりの人々（近世・6）

江戸時代の鞆を代表する豪商は、上杉家（大坂屋）と中村家（保命酒屋）であった。上杉家は酢の醸造販売で財をなした。「備前醤油に鞆の酢」と謳《うた》われ、上杉の酢「花の浪」は北前船で全国に送り出された。一方中村家は、保命酒の醸造販売を独占して膨大な富を築いた。仙酔島に向いた東の浜は大坂屋が、西の鞆港は保命酒屋が仕切っていたのである。大坂屋や保命酒屋には及ばないが、鞆にはこの時代、多くの豊かな商人がいた。

鞆は、朝鮮通信使や西国大名の参勤交代の寄港地であったので、福山藩は神辺を陸の本陣として整備したように、鞆を〝海の本陣〟として整備していった。鞆の浦には一八挺の櫓を持つ大きな藩船二艘と、飛脚船二艘を常備し、それを管理する在番小屋と、船を操る水主達の長屋まで設けてあった。西国の大名の御座船や多くの北前船が出入りするので、それに対応する廻船問屋や船宿が、関町や道越町、江浦町一帯に次々と生まれていく。

鞆を形作ったのは、廻船問屋だけではない。今でも鍛冶町という名が残っているように、鞆は古代から刀鍛冶の町でもあった。江戸時代になるとその職人達は、鍛冶町一帯に集められ、鍛冶職人の町が生まれる。しかし平和な江戸時代になると、刀の需要がなくなり、やむなく刀工たちは、その技術を生かして船づくりに欠かせぬ船釘や錨、さらに農業用の鍬等を造るようになった。とりわけ千石船が使う百貫（約三七五〇キロ）もある大錨の多くが、鞆で造られた。その鞆鍛冶の技と心意気は、現在の鞆鉄鋼団地へと脈々と受け継がれているのであろう。鞆は廻船問屋と鍛冶屋の旦那衆の町だったのである。

大坂屋や保命酒を中心とした鞆の浦の豪商達は、商売にも長けていたが、こよなく文雅を嗜む粋人でもあった。彼らは学問を好み、能や茶を愛し、全国から著名な師を招き、書や画を学び、そのパトロンにもなった。こうして鞆には、頼山陽・田能村竹田・篠崎小竹等の多くの文人墨客が訪れるようになる。鞆だけではなく、近くの尾道や竹原もそういう町であった。訪ねてきた文人墨客を、豪商達は手厚くもてなし、一切お金を受け取ることはなかった。彼らが一幅の書画を残してくれれば、それでよかったのである。

幕末になると、勤王の志士たちも豪商達の世話になった。豪商達も彼らを通じて天下の趨勢を知り、それを商いにも結びつけていたのである。今から紹介する「いろは丸事件」も、内海きっての良港鞆の浦という舞台があったからこそ、そのドラマが一層輝きを放つことになる。

鞆港の東の浜から望む保命酒屋・中村家
（現・太田家住宅）の別邸、朝宗亭

一八六七年（慶応3）四月二三日午後一〇時頃、坂本龍馬が率いる海援隊三四名が乗った「いろは丸」（一五〇トン）と、紀州の軍艦「明光丸」（八五〇トン）が、讃岐・箱ノ崎と備中・六島の間の備讃瀬戸で衝突した。霧の深い夜であったという。大破した「いろは丸」は、明光丸が鞆に曳航する途中、宇治島の近くで沈没してしまう。「いろは丸」は、土佐の海援隊が伊予大州藩から借り受けた蒸気船で、武器弾薬等を満載して、長崎から大坂へ運ぶ途中であった。

この事故の損害賠償の交渉談判が、鞆で行われた。その時龍馬達が泊ったのが、大州藩の船宿であった、桝屋清右衛門宅である。龍馬は紀州藩による切り込みを警戒して、桝屋の隠し部屋に潜んだといわれている。桝屋は石井町（鞆支所の北）にあり、かつてはこの建物のうしろ側まで海であった。

一方紀州藩は、大可島の円福寺を中心に、各所で分宿した。談判は町役人道越町の魚屋万蔵の家（今の「御船宿いろは」）で、昼夜を分かたず続けられた。しかし三日後、交渉は決裂し、場所を長崎へ移すことになる。龍馬は、海援隊のメンバーを慰労するために有磯町の遊郭〝籠藤〟（今の、ホテル汀亭遠音近音《おちこち》の一部）で遊んでいる。

幕末の風雲児・龍馬は、新しい時代を創ろうと、鞆の紅灯の巷を命懸けで走り回ったのである。結局この談判で龍馬は勝ち、紀州藩は土佐海援隊に七万三千両という膨大な賠償金を払うことになる。

それから半年後の一一月、龍馬は京都の近江屋で暗殺され、三三歳の波乱の生涯を閉じることになる。

江戸時代、旅の途中鞆の浦に立ち寄り、その賑やかな町の様子を書き記した文化人は多い。そのひとり、私淑する河井継之助《つぐのすけ》について紹介してみたい。彼は幕末の激動する政治状況の中で、義と理を貫き通した武士である。勤皇と佐幕の間で翻弄される、越後長岡藩の命運を担って、新しい時代を創るために奔走するが、志半ばで無惭にも散っていく。この河井継之助の日記が『塵壺《ちりつぼ》』である。彼は若い時から敬愛する備中高梁の碩学山田方谷を訪ねるために、二回鞆の浦に立ち寄っている。次の文は、一八五九年（安政6）九月二一日のものである。

海に臨める座敷、対潮楼として名高き処なり。前に泉水山（仙酔島）とて、面白き山あり。実に庭のごとく、此の楼は絶景なり。—中略— 又祇園の社へ登る。これ亦、好風景なり。
（河井継之助『塵壺』）

河井継之助は、この後九州・長崎へ足を伸ばし、帰りに再び鞆で下船し、福山を経由して、また山田方谷の所へ向かっている。次の文章は一一月一日のものである。

昼時分、備後鞆へ着く。餅などを食い、入湯などし、保命酒を飲む。海に添う小山を越えて、福山に出でんとする道、先に云いし如く、好風景なり。小山を越えれば已に越下も見ける。城も好く、民家の様子、万事好き所なり。
（河井継之助『塵壺』）

仙酔島や対潮楼の絶景、本瓦葺き屋根と漆喰の美しい家並、賑やかな商店と妖艶な遊郭等々が、溶けあうように混在する、鞆の町を描いた紀行文は多い。
◇頼山陽『山陽東遊漫談録』
◇田能村竹田『豊後紀行』
◇司馬江漢『西遊日記』
◇大田南畝（蜀山人）『革命紀行』
等々と挙げればキリがない。龍馬が走り、山陽が高吟した鞆の町は、京や長崎に劣らない、歴史の晴れ舞台であった。

Ⅳ

鞆の浦から長門の浦へ

1　鞆から長井の浦へ

七三六年、阿倍継麻呂を大使とする遣新羅使の一行は、奈良の都を後にして、難波津（大坂）から瀬戸内海を経由して新羅国に旅立った。しかし残念なことに彼らが瀬戸内海のどこを、どのように航海したかはよくわかっていない。『続日本紀』のような朝廷が発刊した歴史書の中には、遣唐使のことは詳しく書かれているが、この時の遣新羅使の具体的な旅の記述はない。ところが『万葉集』という歌集の中に、遣新羅使が詠んだ一四五首の歌が残されており、これが彼らの瀬戸内海の旅を知る、唯一の史料なのである。『万葉集』の歌から推察すると、この時の遣新羅使船は、旧暦の六月朔日の朝早くに難波津を出て、その日のうちに明石の浦まで進み、ここで泊まっている。二日目も満潮に乗って西進し、夜も海上で過ごし、三日目に玉の浦（玉島）に入っている。四日目、玉の浦を出た遣新羅使は、その日の夕刻神島（笠岡）へ到着。ここで数時間潮待ちをし、その日の夜神島を出て、長井の浦に向かっている。

鞆へ寄ることなく、潮待ちを繰り返しながら夜を徹して西進し、長井の浦に着いたようである。『万葉集』の「備後国の水調《みつぎ》郡の長井の浦に船泊《ふなどまり》して夜作る歌三首」という記述からの推測である。

さてその長井の浦とはどこの湊のことなのだろう。古来から尾道説、糸崎説、三原説がある。歌の内容からは、その地を決定するのは難しいが、江戸時代以降になると、〝長井の浦は糸崎である〟が定説になっている。糸崎説が有力になったのは三原市糸崎町にある、糸碕神社の縁起が、大きく影響している。

糸崎説を後押ししたのは、江戸時代の学者頼杏坪が編纂した『芸藩通志』と、楢崎境斎が書いた『長井浦記』である。二人の話を要略しておこう。

かの伝説の人神功皇后が、朝鮮出兵の帰途この地に碇を下ろした時、「長井水」という古い井戸から汲んだ水を、土地の人から献上された。

だから水を献上するという意味の水調《みつぎ》郡という郡名が生まれ、井戸崎（糸崎）という地名も生まれた。この地に七二九年（天平1）に糸崎神社が創建された。境内には今でも御調井《みつぎい》が残されている。

高見山（向島）から見る布刈瀬戸（因島大橋の下）
右奥あたりが長井の浦（糸崎）

神社の西には、神功皇后が船を繋いだという松の木もある。〃長井の浦が糸崎である〃という根拠は、このように糸崎神社の伝承と重なっている。糸崎神社は、明治新政府の神社改変の時、糸崎神社から糸碕神社となった。

さて長井の浦が、御調郡の糸崎であるなら、深夜鞆沖を通過した遣新羅使の船は、備後の海をどのように進んでいったのであろう。

繰り返し述べてきたように、古代の瀬戸内海の航法は、出来るだけ陸地に近い所を行く〃地乗《ぢの》り〃という形が主流であった。

何よりも知っておかねばならないのは、潮の流れ、海風、海霧であり、さらに浅瀬と岩礁の位置であった。瀬戸内海には最大流速が一〇ノットを越える鳴門海峡や来島海峡がある。こういう急流のある海峡周辺では、渦流や昇流が生まれ、表層海水温が低くなり、三月頃から七月頃に海霧が発生する。こういう現象は、山陽側より四国側に多いので、やや安全な山陽側の航路を選んでいた。

鞆から地乗りの航路を行くなら、阿伏兎観音のある阿伏兎岬と田島の間の、阿伏兎の瀬戸へ入って、能登原や敷名の湊がある、口無の海（瀬戸）を行く。今の内海大橋の下を抜け、南に百島を見ながら、戸崎瀬戸から松永湾に入り、尾道水道を抜けて長井の浦に向かうことになる。

ところがこの航路も、流れが速い瀬戸と岩礁が多い、結構恐ろしい海なのである。内海大橋の橋脚も、俎《まないた》岩と呼ばれる岩礁の上に立っているのだ。しかも夜の航海である。

北前船という千石船が往き交った江戸時代になると、鞆を出た船は一気に御手洗（大崎下島）へ向かう〝沖乗り〟航法がとられるようになる。

造船技術が進み、海図まで作られるようになった江戸時代でも、瀬戸内海は水主《かこ》（夫）達を苦しませた。古代から中世にかけて、瀬戸内海をより安全に旅するには、内海各地で漁撈や製塩に従事している海人《あま》の助けを借りることが、なによりも大切なことであった。

遣新羅使の船は、昼でも恐ろしい瀬戸の海を、夜の航海をして、長井の浦に無事到着して

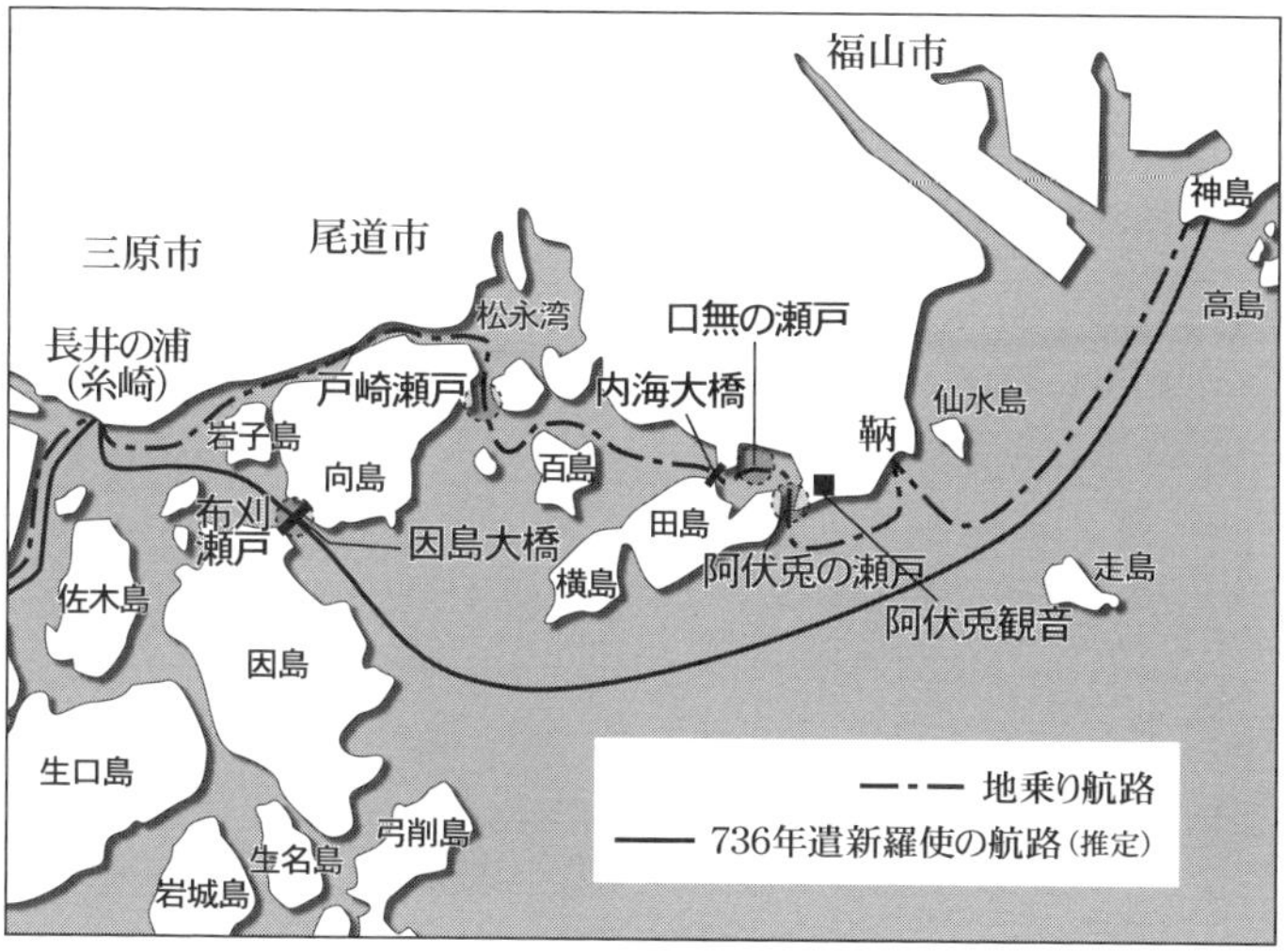

古代の航路

いる。その陰には、恐らく松明《たいまつ》や篝火《かがりび》を持って先導する、備後の多くの海人《あま》達の手助けがあったのであろう。彼らが後に、海を取り仕切る村上水軍のような海賊衆となっていく。

遣唐使や遣新羅使のような箱型の大型船は、地乗りと沖乗りの、丁度中間点を行ったようである。まだまだ造船技術が未熟であった奈良時代の船は、大型化すればするほど、風や波に弱く、小型船より脆かったといわれている。これが遣唐使船の度重なる難破の原因であったという。

尾道水道は情緒溢れる美しい海であるが、船運の観点からみると、厄介な海だ。

近くの栗原川、遠くの沼田川が吐き出す土砂で、すぐに埋まってしまう。江戸時代末には北前船は通れなくなっていた。

尾道水道の歴史は、幅を拡げ底をさらう浚渫工事を繰り返す歴史でもあった。

結論から言うと、七三六年の遣新羅使船は田島・横島の南を西進し、向島と因島の間の布刈瀬戸《めかりせと》（因島大橋の下）を抜けて、長井の浦に入ったと考えるのがよいようである。

2　長井の浦と糸碕神社

七三六年、旧暦の六月四日夜、美しい上弦の月に見守られながら、神島の磯廻の浦を船出した遣新羅使の船は、夜半には鞆の沖を通過し、多くの島々が浮かぶ備後の海を西に向かい、次の日の夕方、長井の浦（糸崎）へ到着した。長井の浦は、今の糸碕神社がある一帯の海のことをさすといわれている。現在の糸崎の港は、幕末の頃、第十二代三原城主・浅野忠英が糸碕神社の西側に松浜港という名前で築いたものである。だから明治・大正期になっても松浜港と呼ばれていた。その名の如く、かつてこの一帯は美しい松林がある海岸で、三原の景勝地であった。今、神社の前は埋め立てられ、国道となり、轟音を立てて疾走する車の列が、切れる事がない。しかし遠くに目を遣れば、左手因島大橋のある布刈《めかり》瀬戸から、右手の筆影《ふでかげ》山の間に、古代の船が行き交った穏やかな多島海が広がっている。布刈瀬戸は、今日遣新羅使が抜けてきた難所で、明日は筆影山に向かって漕ぎ出していく。

神社のすぐ前に浮かぶ小さな無人島が、宿禰《すくね》島で、映画監督・新藤兼人の代表作『裸の島』のロケ地である。その時代、瀬戸の島々にはほとんど緑はなかった。海辺から島の頂《いただき》まで、砂地の畠が拡がる風景は、まさに〝耕して天に至る〟なのである。宿彌島は、そういう〝裸の島〟で他所の島から水を運んで来なければならなかった。乙羽信子と殿山泰司が演じる貧しい夫婦が、黙々と天秤と田桶《たご》で、舟から水を運び、水を撒き続けていくシーンが忘れられない。裸の島は、今は緑で覆いつくされている。この映画は一九六一年のモスクワ映画祭でグランプリを獲得した。

糸碕神社の玉垣の側には、遣新羅使の白文《はくぶん》の歌碑がある。長井の浦で詠まれた三首のうちの三番目の歌である。

帰るさに
妹に見せむに
わたつみの
沖つ白玉
拾《ひり》ひて行かな

（三六一四）

糸碕神社、玉垣の前に遣新羅使の歌碑（3614）

〈訳〉

新羅の国からの帰り道には、愛するお前に見せるために、海の底にある美しい白玉を拾って行きたいものだ。

海を背にして参道を北へ向かうと、かつて三原城の中にあった門を移築したといわれる〝神門〟があり、これをくぐると右手に、神功皇后に水を献上したという御調井《みつぎい》がある。案内板には次のように書かれている。

昔、神功皇后はこの長井の浦に御舟を繋がれし時、村長木梨真人、この水を献上したとの口碑により御調《みつぎ》の井という。——中略——

水は常に清く澄み、さわやかで、どんな高潮の時でも塩分はない。

昔から三原は名水の里で、その良質の水を使った日本酒の産地としても有名である。

さて遣新羅使は、この長井の浦に船を碇泊させ、ここで一泊し、三首の歌を残している。一番目の歌も紹介しておこう。

あをによし
奈良の都に
行く人もがな
草枕
旅行く舟の
泊まり告げむに（旋頭歌なり）

右の一首　大判官（三六一二）

〈訳〉
私達はとうとう長井の浦までやってきた。奈良の都の方へ行く人が、あればいいのになあ。旅を行く私の船が、今長井の浦に泊っているよと、愛する人に告げるのに…。

この歌は、旋頭歌で大判官が詠んだと記してある。大判官は、使節の中では大使（阿倍《あべの》継麻呂《つぐまろ》）、副使（大伴三中《おおとものみなか》）に次ぐ三番目に位が高い人で、壬生宇太麻呂《みぶのうたまろ》のことである。『万葉集』の中に残されている遣新羅使の歌一四五首の中には、この大判官の歌が五首（短歌四、旋頭歌一）ある。〝旋頭歌〟とか〝三六一二〟とか、『万葉集』には馴染みがなく、よく分からないという人のために、左記を参考にしていただきたい。

万葉集基礎講座

万葉集の歌の形

〝旋頭歌〟とは、『万葉集』の中にある歌のかたち（スタイル）のことである。『万葉集』の約四五〇〇首の歌は、現在の短歌（五・七・五・七・七）のように、三一文字に限らず、いくつかの歌のかたちがある。

○短歌：約四二〇〇首　五・七・五・七・七の五句で詠まれたもの。
○旋頭歌：約六〇首　五・七・七／五・七・七の六句で詠まれたもの。
○長歌：約二六〇首　五・七を何回も繰り返し、最後に五・七・七で結ぶ長い和歌。
柿本人麻呂はその名手である。

○仏足石歌：一首。奈良薬師寺の仏足石の傍の石碑に刻まれた五・七・五・七・七・七の六句の歌。太古の歌謡が起源だとされている。

『万葉集』の歌の番号

『万葉集』の歌は約四五〇〇首である。

重出《ちょうしゅつ》したり、似た歌があったり、学者の数え方によってその数は異なってくる。明治時代にまとめられた松下大三郎の『国歌大観』は、四五一六首であるとし、爾来この本による歌の通し番号が今でも使われている。

『万葉集』の表記と発音

『万葉集』が完成した頃（八世紀の後半）、日本人はまだ文字を持たなかった。だから中国の文字である漢字の一字一音の発音を使って歌を表わした。これを万葉仮名と呼び、これがその後ひらかなになっていく。

（例）阿米《あめ》→天　許己呂《こころ》→心《こころ》
久尓《くに》→国《くに》　孤悲《こひ》→恋《こひ》

このような万葉仮名の使い方をよく見ると、母音のｉ・ｅ・ｏにあてられた漢字が、二種類あることがわかる。だから今は五つしかない母音が、奈良時代には八つあったということになる。また子音のハヒフヘホとサシスセソも、今とは違う発音であったことも分かっている。日本語の「あ」を英語でａｅæʌ等と発音するように、世界各国の母音は多様である。日本語は、世界でもっとも母音の少ない言語の一つなのである。

母音の発音

現代	あ	い	う	え	お
万葉	a	i ï	u	e ë	o ö

子音の発音

ハ行

飛鳥時代	パ	ピ	プ	ペ	ポ
奈良時代	ファ	フィ	フ	フェ	フォ
江戸時代以降	ハ	ヒ	フ	ヘ	ホ

サ行
奈良、平安時代　シャ　シ　シュ　シェ　ショ
江戸時代以降　サ　シ　ス　セ　ソ

『万葉集』の時代から現在まで、約一三〇〇年の間に、日本語の発音は、少しずつ変化してきたことが万葉仮名で見えてくる。

3　長井の浦から風早《かざはや》の浦へ

難波津を出発してから五日目の夜、遣新羅使の一行は長井の浦（三原市糸崎町）に船泊《ふなどま》りした。翌朝、下げ潮に乗って、次の寄港地・風早の浦（東広島市安芸津町風早）に向かう。風早の浦までは約三〇キロ、本土寄りに沿岸部を行く〝地乗り航法〟で、ちょうど一日の距離である。糸崎を出るとまず右手遠くに聳える筆影山（三原市須波町）を目安にして、本土と佐木島の間を南へ進む。高根島の北の突端・押寄崎の沖から西へ大きく舵を切って、一路風早の浦に向かう。かの大戦中、毒ガス製造で有名になった大久野島（竹原市）や、阿波島（竹原市）を左手に見ながら西へ進んで行くと、正面に赤い地肌を見せる安芸津の赤崎の鼻が見えてくる。今ではじゃがいもの産地として名高い赤崎の鼻を越すと、波穏やかな三津湾に達する。風早の浦は、この三津湾の奥深くにあった古代の良港である。遣新羅使は、天平八年旧暦の六月六日（新暦七月一二日）の夕方、この風早の浦に入って船泊《ふなは》てすることになる。

さて今年の夏も異常に暑い。このまま温暖化が進むと、半世紀後には東北より北にしか桜は咲かなくなるという。私達の国はもう亜熱帯の国になったのであろうか。その八月の暑い日、風早を訪ねた。

三原駅で山陽本線を下りて呉線に乗り換える。三原駅は、かつての三原城の中にあると言っていい。三原城は毛利元就の三男小早川隆景（一五三三〜九七）が、沼田《ぬた》川河口に広がる、三原湾に浮かぶ大小さまざま小島をつないで築いた水軍城である。城郭が軍港の役割も果たす大きな城で、満潮の時には海に浮かんでいるように見えたので〝浮城〟とも呼ばれた。三原の〝やっさ踊り〟は、この城の完成を祝うために、城下の人が歌い踊ったのが起源であるという。三原城には三代将軍家光の乳母・春日局が住んでいたことがある。隆景の養子秀秋が三原城主だったころ、秀秋の補佐役稲葉正成の妻として、お福（後の春日局）はこの城にいたのだ。幕府の一国一城令があったにも拘わらず、この城が生き残ることが出来たのは、春日局と徳川家から浅野家に嫁いできた月渓院の力であったとも言われている。

一八九四年（明治27）、山陽鉄道敷設に伴い、この城の地に三原駅が建築されることになり、三原城は解体撤収された。立派な石垣までも糸崎港の埋め立てに使われることになる。今、三原城は、山陽本線が本丸を突き切り、さらに新幹線が天守台跡を貫く哀しい城

風早駅から見る、夏の三津湾

である。三原城、福山城、尾道の寺社等の扱いに象徴されるように、明治新政府の役人には、歴史遺産に対する崇敬の念がなかったようである。

万葉の時代まで遡ると、三原の地勢はもっと大きく表情を変える。今の三原の市街地は、ほとんど海であった。小早川隆景も三原城を築く前は、沼田《ぬた》川の上流の新高《にいたか》山《やま》城（本郷町）を居城としていた。干拓される前まで本郷町の中心部まで船が出入りしていたのである。沼田川が、多量の土砂を吐き出し、新田開発が進むにつれて、海岸線は次第に河口に近づいていった。それでも鎌倉時代の海岸線は、北は西宮・船津、西は船山・頼兼、南は明神・宗郷あたりまで入り込んでいたと考えられている。

だから遣新羅使が船泊りした長井の浦を、糸崎ではなく船津だとする郷土史家もいるほどである。船津は、西野川を遡った現在の梅観橋のあたりで、三原市西野町船津のことである。ちなみに新幹線のトンネルのある頼兼は、小早川家の家臣・岡崎頼兼の居城があった所である。ところが一五四三年（天文12）毛利氏が小早川氏とともに、備後神辺城の攻撃をすることになった時、頼兼はこれを拒否して、隆景に滅ぼされてしまう。頼兼の妻が、神辺城主山名理興の妻と姉妹であったからである。幕末に大活躍した頼山陽等の頼一族は、この末裔で、江戸時代には紺屋を営む豪商で、その屋号を〝頼兼屋〟といった。

三原駅を出た列車はすぐに進路を南に取り、帝人等があるかつての干拓地の中を進み、沼田川の鉄橋を越えて、筆影山の麓の小さな無人駅須波《すなみ》に入った。それから瀬戸内の美しい景色の中を、安芸幸崎《あきさいざき》・忠海《ただのうみ》・大乗《おおのり》と進み、約三〇分後には竹原へ到着した。

忠海は中世から栄えた港町である。瀬戸内各地には、源平合戦の伝承が実に多い。竹原市史にも、忠海という地名は、平忠盛（清盛の父）が、この海域で海賊を征伐したので、その功を称えこの浦を忠海、沖の島を盛村としたとある。

江戸時代になると、忠海は三次浅野藩の飛地となり、三次藩の外港として、参勤交代や年貢の積み出し港としても栄えた。

呉線沿線の中でもっとも歴史が古く、また豊かな町は竹原である。中世竹原は京都下鴨神社の荘園として栄え、爾来安芸の小京都と呼ばれている。江戸時代になると、製塩業と北前船の中継地として栄え、豪商たちが艶《あで》やかな文化空間を創出した。そのシンボルが頼一族である。紺屋（頼兼屋）の惟清《これすが》（又十郎）は、息子達に英才教育を施し、頼春水、頼春風、頼杏坪という、幕末を代表する学者に育てあげた。長男春水と三男杏坪は、広島藩の儒学者として登用され、商人から再び武士になった。頼家の復権にかけた惟清の夢が、かなったといっていいだろう。その春水の長男が、かの頼山陽である。

竹原の駅からすこしばかり東へ歩くと、山沿いを流れる〝本川〟に出る。かつてはこの川の中流あたりまで海が入り込み、この川沿いに竹原の街が形成されていった。川沿いに残されている大きな常夜燈が、江戸時代の海との境界を示している。頼家等の旧居が残る、かつての豪商達の家が建ち並ぶ町並み保存地区を北へ上っていくと、右手の高台に頼家の菩提寺照蓮寺がある。この照蓮寺で、頼一族や神辺からやって来た菅茶山達の、当代一流の文人達が一同に会し、詩会を開いた。竹原・尾道・鞆・神辺等の豪商達の知のネットワークは、全国の文人達の憧れであった。

しかし今、竹原の街は、人気アニメ『たまゆら』の舞台として、若い人の心を魅き付けている。

竹原で少し長い停車をして、次の駅・吉名を過ぎると、三津湾が目の前に広がり、安芸津に入っていく。安芸津と次の風早の二つの駅が、穏やかな三津湾に面している。安芸津の駅から風早までは、列車で僅か五分である。八月の太陽が、万物を焼き融かすかのように降り注ぐ白昼、風早駅に降りた乗客は私一人であった。

4 風早物語

七三六年の旧暦の六月八日の朝、長井の浦（糸崎）を出た遣新羅使は、その日の夕刻、風早の浦（現・東広島市安芸津町の風早）に到着した。ここで二首の歌を残している。

風早の浦に船泊《ふなは》てし
夜に作れる歌二首

わが故《ゆえ》に妹《いも》嘆くらし
風早の　浦の沖辺に
霧たなびけり

（三六一五）

〈訳〉

長い旅に出た私のために、奈良に残した妻が嘆き悲しんでいるらしい。風早の浦の沖の方に、妻の吐息が霧となってたなびいている。

沖つ風
いたく吹きせば
吾妹子《わぎもこ》が
嘆きの霧に
飽《あ》かましものを

（三六一六）

〈訳〉

沖の風がもっと激しく吹いてくれたら、沖に立ち込めている嘆きの霧が、こちらに吹き寄せられて、飽きるまで胸一杯吸うことができたであろうに…。

（『万葉集』の中には、〝霧〟は愛する人を思い嘆く〝吐息〟だとする歌が、いくつか残されている。）

風早で詠まれたこの二首は、難波を出発する別れ際、妻が夫に贈った歌が大きく影響している。紹介しよう。

君が行く
海辺の宿に
霧立たば
吾が立ち嘆く
息と知りませ

（三五八〇）

〈訳〉

航海の途中、あなたが泊まる海辺の宿に、もし霧が立ち込めたら、それはあなたを想う私の嘆きの息だと思ってください。

ＪＲ風早駅は、三津湾沿いの切り立った断崖の上の丘にある小さな無人駅だ。駅前にすこしばかりの街並があり、その真下に、波に洗われるように、国道185号線が並行して走っている。その街並の中に「凪《なぎ》の蔵《くら》」という洒落た名前のレストランがあった。階段を上っていくと、二階のフロアーにカウンターと座席が並んでいる。カウンターの向こうの大きな窓ガラス越しに、三津湾が一望出来る、素敵なつくりの店だ。

　風早の街は東に向いているので、「凪の蔵」から見ると三津湾を隔てた正面に、赤崎の岬が横たわり、その右手に竜王島、藍之島、大芝島等々の島々が並んで浮いている。これらが防波堤の役割を果たし、三津湾は鏡のように波穏やかな海になっている。かつて潮待ち、風待ちの港として栄えたこの海に、今は夥しい牡蠣筏が連なって浮かんでいる。赤い土で有名な赤崎の岬では、大正時代のころからジャガイモの栽培が始まり、多くのジャガイモ農家が生まれ、今では日本を代表する高級なジャガイモ産地となっている。かのプロゴルファー・岡本綾子も、この赤崎の丘陵にあるジャガイモ農家の娘で、少女時代農作業の手伝いで鍛えられた強靭な足腰が、世界の頂点まで上り詰める原動力になったといわれている。前の海で獲れたキスや小鰯の天麩羅を盛り付けた、旨い昼定食を戴きながら、その眺望を満喫した。

　竹原の市街地から西へ約一〇キロ、安芸津の町の中心は三津湾の最奥部にある古い屋敷が立ち並ぶ三津である。三津湾は、三方を標高四〇〇から五〇〇メートルの山に囲まれた池のような海で、三津は古代から良港として栄えた湊町である。安芸国の国府があった西条（東広島市）からもっとも近い湊だったので、国衙《こくが》の外港として栄えたのであろう。中

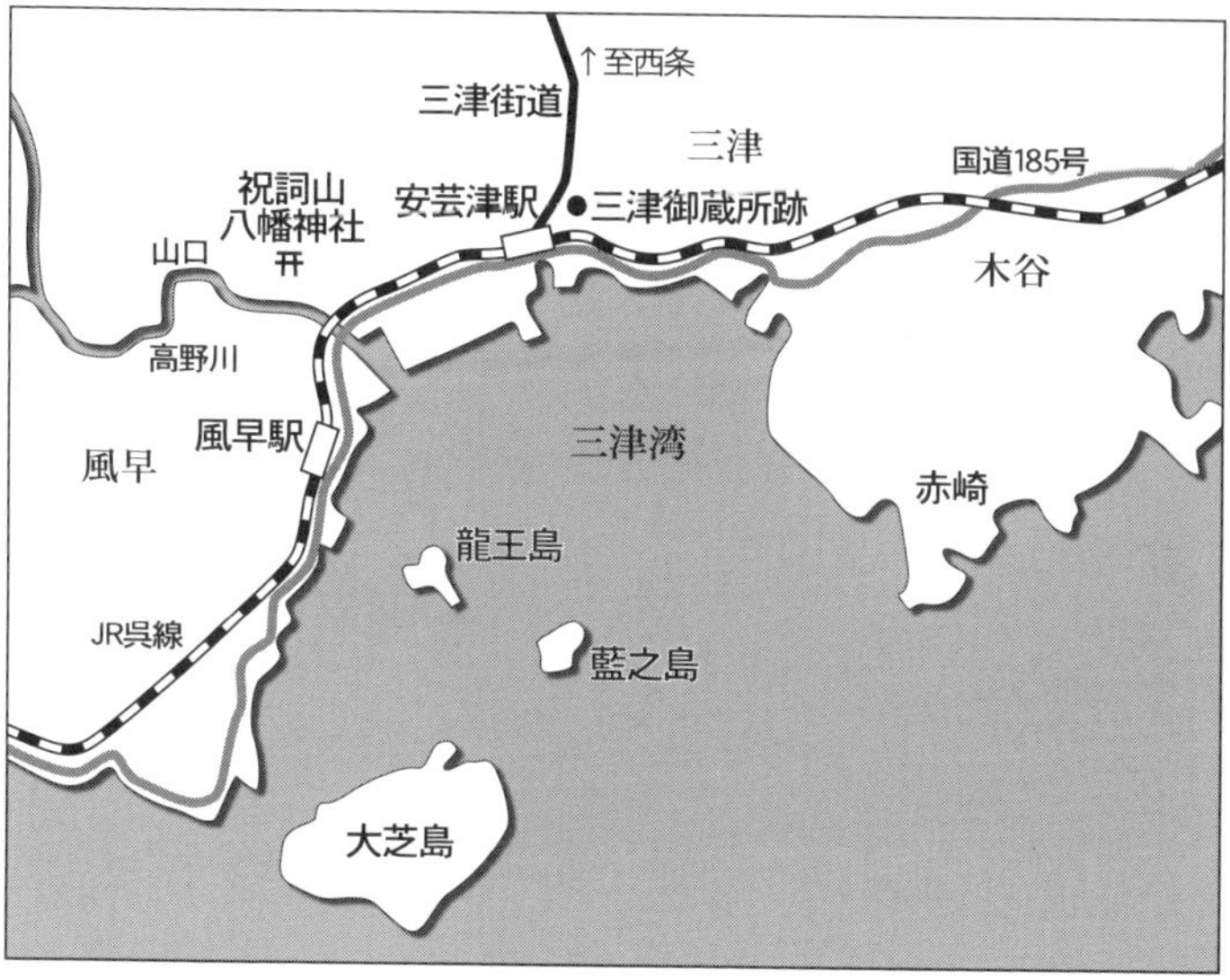

安芸津地図

世から三津、風早、木谷の三つの村を併せて、三津三浦と呼ばれるようになった。江戸時代になると広島藩の米を集積する〝藩蔵《はんぐら》〟が置かれ、近隣の村々の米はここから広島や大坂に運び出された。こうして西条と三津を結ぶ三津街道は、広島藩内の主要道となる。

藩蔵から払い下げられる米を使って、酒の醸造も盛んとなり、多くの造酒屋《つくりざかや》が生まれた。軟水を使っての醸造は、三津の杜氏が開発したもので、ここは軟水醸造の発祥の地であり、日本酒のふる里なのである。

「凪の蔵」を出て風早の街を抜けて、海岸沿いに北東に歩いていく。

祝詞山八幡神社にある万葉歌碑と陶壁

すると正面の小高い丘に、目指す祝詞山《のりとやま》八幡神社があった。コバンモチが群生する誰ひとりいない境内に、かまびすしく蟬時雨が降り注ぐ。

境内には、この浦が遣新羅使の泊った故地であることを表す大きな碑が並んでいる。左手の歌碑には、冒頭で紹介した二首が刻まれている。地元の女流歌人で仮名《かな》書道家・松田弘江氏の揮毫によるもので、一九七二年（昭和47）に建立されたものである。その右には、遣新羅使を題材にした、大きな陶板画の壁が建てられている。絵の中央には妻を思う遣新羅使と遣新羅使船が、左奥には都で夫を思う貴族の女が描かれている。作者は地元の陶芸家・財満進氏である。平成のはじめ、竹下登首相のふるさと創世一億円事業の時、作られたものである。

『万葉集』に詠われた風早の浦は、三津湾にあったことは確かであるが、広い三津湾のどこにあったかを策定することが出来ない。古代の海岸線は、高野《こうや》川を遡った山口のあたりまで入り込んでいたという。

祝詞山八幡神社から三津湾を見下ろしながら、万葉びとが船を泊めて、赤裸裸に妻を想ふ歌をうたいあげた情景を想像した。今、三津の海は江戸時代に作られた塩田や、太平洋戦争時に作られた造船所のための干拓や埋立てで、全く姿を変えている。

5　海の記憶（1）

私達の側にあるもの全てには、今の形になるまでの長い長い歴史の堆積がある。形のある茶碗、箸、机、椅子、服、家、あかり、道、乗り物等や、姿が見えにくい儀式や法律等も、長い歴史が造り出した現在進行形の存在である。そういう存在に、もう一つ彩りを添えるのが私達が生まれ育った風土である。瀬戸内の沿岸に生きてきたものには、瀬戸内海の歴史と風土がしっかりと刻印され、海の記憶となって伝えられている。

鞆・グリーンラインの展望台から見る今の瀬戸内海には、大きな鋼鉄の船と、繊維強化プラスチックで出来た小さな漁船が行き交い、沿岸には鉄鋼、造船、自動車等の工場と、それを支える石油化学コンビナートなどが立ち並んでいる。

瀬戸内海沿岸は、何故今このような姿・形をしているのだろう。瀬戸内海で生きてきた私達の祖先の記憶を、古代から少しずつ呼び起こしてみよう。

『万葉集』には、笠朝臣金村《かさのあそみかなむら》の次のような長歌が残されている。笠金村は、七二六年の

源平合戦の海・口無の瀬戸（能登原から田島を望む、右端に内海大橋）

遣新羅使と同じ時代を生きた歌人である。

淡路島
松帆《まつほ》の浦に
朝凪《あさなぎ》に
玉藻刈りつつ
夕凪に
藻塩《もしお》焼きつつ
海少女《あまおとめ》
ありとは聞けど…
（巻六・九三五）

〈訳〉
淡路島の松帆の浦で、魚や貝をとって生活する海人の娘が、朝凪の時には玉藻を刈り、夕凪の時には藻塩を焼いているということを聞いているが…

それから約五〇〇年後、この歌が本歌《ほんか》となって、百人一首の「来ぬ人を　まつほの浦の夕凪に　焼くや藻塩の身も焦れつつ」という、藤原定家の歌が生まれることになる。

松帆の浦は、淡路島の最北端にあり、古代から明石海峡が荒れた時に、潮待ち風待ちの浦として利用された。松帆の浦の地名も〝待つ帆〟に由来しているとも言われている。〝玉藻刈る〟とは海の藻を刈り取ることである。海藻はそのまま食用にしたり、加工して藻塩にしたりした。藻塩とは、海藻に海水をかけて干し、乾いたところで焼いて溶かし、さらに煮つめて作る古代の食塩のことである。海藻を取り藻塩を焼く風景は、瀬戸内海沿岸ではどこでも見られた原風景であった。

漁撈で暮らす海人《あま》達には、目の前の、海の風や潮の流れ、天気の変化、岩礁の位置等々を、正確に知ることが、命を守ることに繋がっていた。だから巧みに舟を作り、舟を操る技も身につけていた。唐や新羅そして大宰府へ、公の仕事で派遣される古代の役人が、瀬戸内海を航行する時、沿岸の海人達は水主《かこ》として駆り出されることになる。彼ら抜きには、瀬戸内海を安全に抜けることは出来なかったのである。言う迄も無いが、その水主としての仕事も、海人たちが取ったアワビや海藻、藻塩までも税であった。

中世になってもその構造は変わらない。源氏と平家が激しく闘った、源平合戦の勝敗の帰趨も、瀬戸内海を知り尽くしていた海人達が握ることになる。

この時代には海賊（水軍）となって制海権を掌握し、内海沿岸から都へ送られる米や塩等の年貢の搬送に深く関わっていた。平忠盛やその子清盛は、彼らと闘い、時には糾合もし、海賊たちを支配下に置いていく。こうして平家は中央での権力を独占するようになる。

しかし太政大臣にまで上りつめた清盛が斃れると、平家は一気に滅亡への道を転げ落ちていく。やむなく平家は都落ちをして、その一族郎党が多い西国でもう一度体勢を立て直そうとする。西へ逃げる平家も、それを追う源氏も、頼りにするのは、かつての海人達が組織化された海賊衆であった。瀬戸内海では平家優勢と見られていたが、一の谷（神戸市須磨区）そして屋島（高松市）でも敗れ、戦況は一気に源氏方へ傾いていく。平家に与《くみ》していた海賊衆が、源氏に寝返っていったのである。屋島を逃れ、さらに西を目指した平家軍の主力三〇〇艘は、塩飽《しあく》・本島《ほんじま》（丸亀市）の甲生浦《こうしょううら》まで辿り着いた。幼い安徳天皇が船酔いでむずかり、高貴な女官達が、かつて経験したことのない過酷な逃避行で、次々と倒れたからである。追う源氏軍に比べて、女子供連れの平家軍は、この時すでに戦う集団ではなかったようである。本島にある徳玉《とくたま》神社は、安徳天皇の行在所（仮の御所）の跡に建立されたもので、境内にはここで斃れた平安の女官達の墓祠がある。

源氏の追手に怯える平家は、疲れ切った婦女子をここに残して、慌ただしく本島を後にした。塩飽という地名も〝塩焼《しおや》く〟から生まれたといわれている。

『平家物語』や『源平盛衰記』には記述はないが、備後・能登原の合戦についての伝承を紹介しておこう。

笠岡諸島が点在する備讃瀬戸を抜けた平家の船団の一部は、鞆の沖を通過し、阿伏兎岬と田島の間の阿伏兎の瀬戸から、敷名《しきな》の泊《とまり》（福山市沼隈町）に入り、能登原に陣を敷いた。この泊《とまり》は、清盛が厳島神社へ参詣するために改修整備した湊として有名である。今、内海大橋が架かる〝口無《くちなし》の瀬戸《せと》〟と呼ばれるこの海峡は、潮の流れが早く、また多くの岩礁があり海の難所である。伝承によると、平家のエリートで「磯間の三将」と呼ばれた重盛、教盛、知盛は、この海で斐忠次郎《このみ》という能登原を支配する武将から、操船術を学んだといわれている。源氏と闘うには絶好のこの地に、平家は一門きっての剛の者能登守教経（磯間の三将・教盛の息子）の軍を配置したのである。これを追ってきた那須与一を中心とする源氏軍は、海を隔てた対岸の田島に陣を構えた。しかし、ここでも源氏軍の夜襲にあい、平家は厳島へむかって敗走する。教経が陣を敷いた能登原の八幡神社には、教経が弓を掛けたという「弓掛松《ゆみかけのまつ》」という大きな松があったが一九六五年（昭和40）に枯死し、今ではその根元の部分だけが残されている。また田島の内浦には、「那須与一堂」という祠もある。能登原という地名も、能登守平教経から生まれたものだという。敗れた平家は、厳島へ逃れていくが、逃げおくれた平家の残党は、山を越えて沼隈半島の中山南にある、横倉川の上流の地へ隠れ住んだといわれている。平家谷と呼ばれるこの地には、赤幡神社や通盛神社、福泉坊等、平家伝説にちなむ社寺や地名が多く残されている。私の生まれた備後大田荘（世羅町）にも、小谷《おたに》、久恵《くえ》、八田原《はったばら》という平家の落人集落があったが、今は三川ダムと八田原ダムの湖底に沈んでしまった。

このような平家の落人伝説は、史実と合わないものが多いがすべて虚構ではなく、北は青森から南は琉球列島まで数多く存在する。彼らが隠れ住んだ所を、〝平家谷〟とか〝平家の隠れ里〟とか呼ぶ。白川郷（岐阜）、祖谷《いや》（徳島）、五箇荘（熊本）、椎葉（宮崎）等は、特に有名である。おおよそ八〇〇年前、日本各地を舞台にして戦われた源平合戦は、今でも日本人の心をもっとも揺さぶる歴史ロマンである。また物語を貫く仏教的世界観は、日本人の思考の原点となっている。

6 海の記憶（2）

先史時代から、瀬戸内海沿岸の海人達は、海藻を刈り塩を焼き、沖に出て魚や貝を取って生命を繋いできた。

中世になると、複雑な潮の流れを知り尽くした海人達は、それぞれの地で徒党を組んで、米や布等の税を都へ運ぶ船を襲い、略奪する海賊になっていく。さらに時代が進むと、各地の海賊は統一され、水軍と呼ばれる大きな武装集団となっていった。彼らは瀬戸内海の海峡のあちこちに関所を設けて、そこを通過する船から通行説を徴収することを生業とするようになる。中には倭寇となって大陸にまで進出する輩も出た。彼らは戦略上重要な島々に、要塞のような海城を築き、沖を通る船を監視し、取り締まった。能島城（今治市）、来島城（同）、岡島城（尾道市・向島）、大可島城（福山市・鞆）等は、その代表的なものである。こうして瀬戸内海の制海権を握ったのが、東の塩飽《しあく》水軍と、西の村上水軍である。この二つの水軍に属した海人達は、その後どのような歴史を歩んだのだろう。瀬戸内海と

江戸時代の瀬戸内海の主役“千石船”（資料提供：長門の造船歴史館）

ともに生きた彼らの足跡を辿り、海の記憶として書き留めておきたい。

塩飽水軍は、香川県丸亀市の沖合九キロの海上に浮かぶ、本島《ほんじま》を中心とする備讃瀬戸に点在する、大小二八の島々からなる塩飽諸島を根城にした海賊である。この塩飽水軍が一躍注目されるようになったのは、戦国時代である。信長や秀吉は天下統一の為には、畿内に近い塩飽水軍をどうしても、麾下におく必要があった。信長は堺に入港する船に対して、何よりも塩飽の船を優先するように命じている。信長亡きあと、天下統一を進めた羽柴秀吉の最後の大軍《おおいくさ》が、〝島津攻め〟と〝北条攻め〟である。この二つの戦の海上輸送の主力を担ったのが、塩飽水軍である。他の水軍が尻込みする太平洋の大荒波を、巧みな操船術で見事乗り切り、北条氏が立て籠る小田原城を包囲していた秀吉の下へ、大量の兵糧を届けたのである。これを喜んだ秀吉は、塩飽水軍の船方衆六五〇人に、恩賞として、塩飽七島（本島・広島・与島・櫃石《ひついし》島・手島・高見島・牛島）の一二五〇石を与えた。次の天下人徳川家康もこれをそのまま認めた。塩飽の海人達は、江戸幕府の御用船方《ごようふなかた》として〝人名《にんみょう》〟と呼ばれる大名のような特別な扱いを受けることになる。塩飽七島は、人名株を持った六五〇人の中から選ばれた四人の年寄が、政務を司った。その政庁が本島にある塩飽勤番所《しあくきんばんしょ》である。

　白い土塀に囲まれた厳めしい陣屋のような建物が残されており、今は資料館として使われている。封建時代には珍しい自治権が、塩飽衆には与えられていたのである。人名制は世襲で、その名残が現代まで続いていたというエピソードがある。瀬戸大橋を架ける時、公団は橋脚となった与島や櫃石島の土地の買収を始めた。するとこれらの土地が人名の共有地であることがわかったのである。人名制から約四〇〇年、その末裔は国内のみならず、アメリカやブラジルにまで散らばっており、買収は困難を極めたという。

　江戸時代になると人口が急激に増え、江戸や上方へ大量の米の輸送をしなければならなくなった。

　一六七二年（寛文12）、幕府は河村瑞軒に命じて、西廻り航路を開発させる。最上川水系を使って酒田に米を集め、日本海を南下し、下関から瀬戸内海に入る、船だけを使って大坂へ送る航路である。北前船が登場する序章である。それまでは出羽・最上地方の米の搬送は、船で敦賀（福井県）に運ばれ、ここから牛馬に積み替えて、険しい山路を越えて琵琶湖の北に出て、再び船で琵琶湖、瀬田川、淀川を使って大坂へ運ばれていた。この行程では、運送費が高くまた大量輸送が難しかった。

西廻り航路が出来ると、塩飽衆は増々勢いが盛んになり、最盛期には船四七二艘、船乗り三四六〇人を抱える、巨大な海運王国となり黄金期を迎える。しかし一八世紀になると、塩飽衆内部での対立が激しくなり、これを憂慮した幕府が、廻船問屋の仕事と船を大坂の業者に譲ることを命じる。以降塩飽衆の力は一気に衰微していく。

だが北前船の運航権を奪われた塩飽の人々は、長い間蓄積してきた勝れた造船技術を生かし、大工へと稼業を変えていった。〝塩飽大工〟と呼ばれるようになった男達は、高度な技術を必要とする寺社の建築をする宮大工や、豪商達の手の込んだ屋敷を造る家大工となって、塩飽の島々を離れていった。吉備津神社本殿や善通寺五重塔等の社寺、そして今は美観地区と呼ばれる倉敷の豪商達の家々や、神戸や横浜の洋館等も、塩飽大工の手によるものが多い。

本島の北部に戦国時代塩飽水軍の拠点となっていた笠島という集落がある。そこに立ち並ぶ京の町屋のような立派な屋敷群は、江戸時代から明治にかけて、塩飽大工が建築したものである。かつての塩飽衆の心意気と豊かさを誇示するかのようなこの家並みは、国の重要伝統的建造物群保存地区に指定されている。

消えかけていた塩飽の男達の操船技術が、再びスポットを浴びるのは、黒船を引き連れてやってきたペリー来航の時（一八五三年）である。幕府は迫る外敵に備えて、西洋式大型船を建造するようになる。その代表的な船が、オランダで造船させた軍艦・咸臨丸である。

幕府は日米修好通商条約を批准するため、勝海舟を艦長として咸臨丸をアメリカへ派遣することになる。その咸臨丸を動かすために採用された水夫五〇人のうち、三五人が塩飽衆だったのである。塩飽衆の操船術は、しっかりと受け継がれていた。

彼らの末裔は、今でも船乗りとして、建築屋として、日本各地で生き続けている。

7　海の記憶（3）

私は若い頃からカクレキリシタンの生き様に惹かれて、よく長崎地方を旅した。納戸《なんど》の奥に隠されて、何百年もの間拝まれ続けた観音様のような形をしたマリアや、長い年月で訛ってしまった〝オラショ〟というお祈りに、出会ってみたかったのである。あれだけ苛烈な弾圧を受けながら、頑なに信仰を貫いた人々の生き方が、とにかく眩しかったのだ。そのカクレキリシタンの島として名高い、生月島《いきつきしま》を訪ねたことがある。生月島には、カクレキリシタンの信仰の形を具体的に展示する資料館があると聞いていたからである。

佐世保でレンタカーを借り、松浦半島を一時間半ばかり北上すると、九州の西の果て田平町と、その隣の平戸島を結ぶ、真っ赤な平戸大橋が見えてくる。平戸大橋を渡り、平戸島を横断するように、県道を西へ約三〇分走ると、今度は平戸島とその北にある生月島に架かる、ライトブルーの生月大橋だ。辰の瀬戸と呼ばれる、幅約六〇〇メートルほどの、遣唐使が往き来したこの海峡の流れは、川のように速い。海峡を覗いてみたくなって橋の上に上ると、立っていられないほどの風が吹き抜けていく。古来からこのあたりは、風が吹き荒ぶ、船乗りには恐ろしい海域だった。命懸けで東シナ海を越え、ここまで帰って来た遣唐使たちは、無事に帰ったことを喜び、ほっと〝息をついた〟ので、生月島（いきつきしま）という名が生まれたのだともいわれている。

空中にある青いトンネルを抜けていくように、生月大橋を渡る。橋の袂に、この橋が完成した時（一九九一年）造られた生月大橋公園がある。その公園の中に、私が目指した生月町の博物館・島の館がある。島の館の玄関には、御影石で出来た大きなセミクジラが、噴水のある人工池の中で跳ねるような姿で置かれている。中に入ると、一階の中央に江戸時代の鯨取りの様子を忠実に再現した、巨大なジオラマがあった。生月島はカクレキリシタンの島であり、また捕鯨の島でもあったのだ。展示を見て更に驚いたのは、生月の捕鯨に従事した労働者の多くが、備後の田島（福山市内海町）の人々であったということだ。

生月島を歩き回ると、生月と田島の深い繋がりが見えてきて、私の心が騒ついた。若い頃から宮本常一（一九〇七〜一九八一）という民俗学者の本を愛読した。平易で読みやすいルポルタージュなのに、宮本の書いたものは詩的で情感溢れる文学作品になっている。

戦争の後の、貧しかった日本の僻地や離島を、宮本は米を腰にさげて民宿し野宿し歩き続けた。こうして忘れ去られようとする日本の姿を、膨大な文章と十万枚を越える写真に

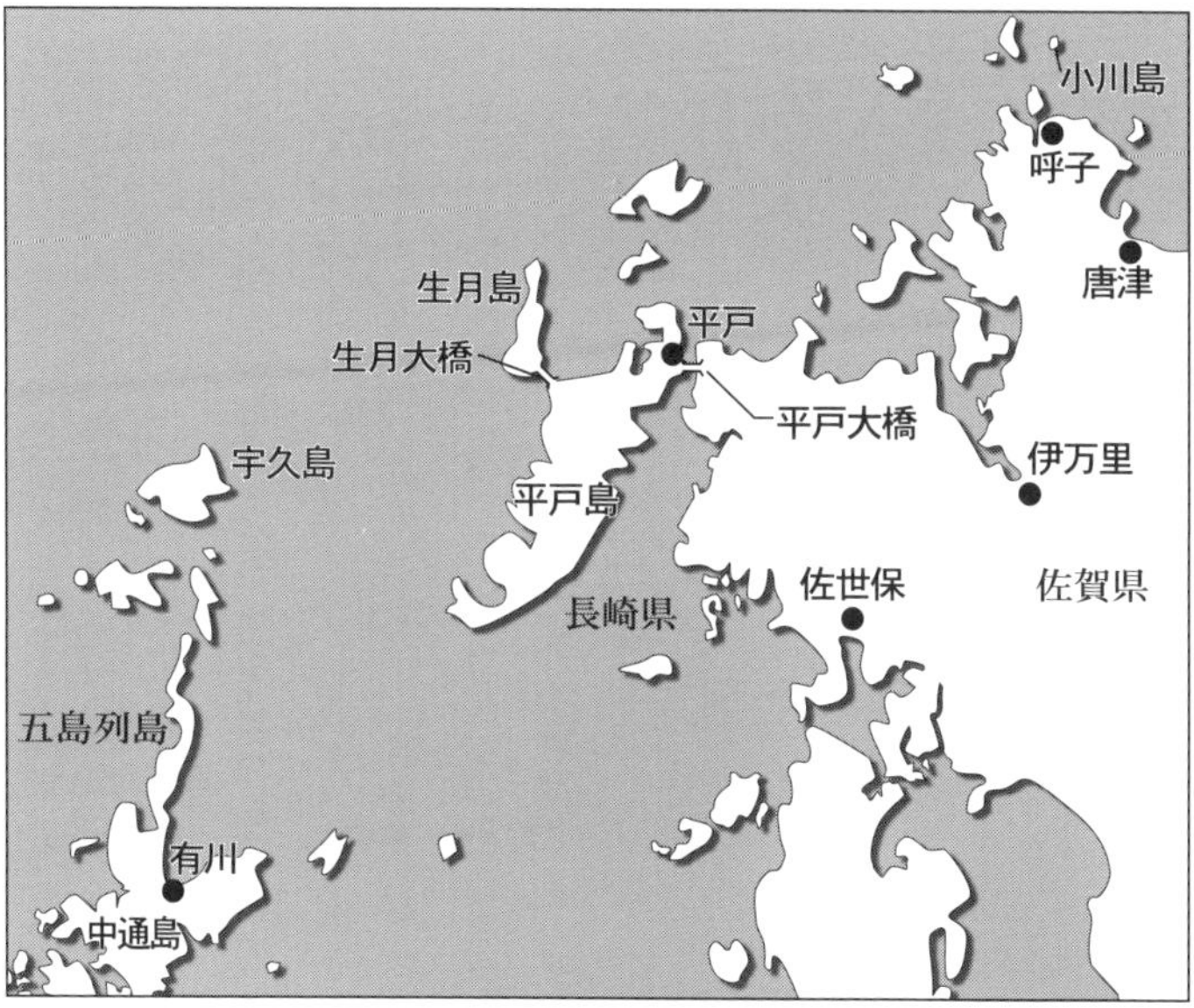

九州北部・西海地方
（本文中に登場した土地名）

して残したのである。

宮本常一は、山口県周防大島の人で、彼の代表作には『忘れられた日本人』や『私の日本地図』（全一五巻）等がある。宮本作品には、島に生まれた者にしか描くことが出来ない、〝常人《じょうじん》〟のやさしいまなざしがある。『私の日本地図』（第六巻・未來社）の中に「因島・横島」という小さな章がある。要約してみよう。

田島には網大工が多い。
網大工は網をつくり、修

理する人のことで、田島は昔から網をすく者が多く、その技術をかわれて五島（長崎県）や、生月島、小川島（佐賀県・呼子の沖）等の〝鯨組〟までかせぎにいっていた。

有川（五島・中通島）の寺の過去帳には鯨漁で海にのまれて亡くなった田島の人の名が記されている。毎年多くの網大工が西海に行き、双海船に乗って活躍した。双海船というのは、鯨を捕るとき、鯨の頭からかぶせる網を張る船のことである。田島の人は船をこぐことがたくみで、双海乗りに適していた。一九世紀になるとノルウェーから近代捕鯨が伝わって来て、二〇〇年余に渡った鯨組は姿を消した。

西海での仕事を失った田島の人達は、今度はフィリピンのマニラ湾に出掛けて、打瀬網漁を始めていくことになる。

―中略―

田島の町の集落は、歩いて見ると立派な堂々とした家居が多い。そのほとんどはマニラ漁業で稼いだお金で建てられたものだ。

マニラには、多い時には三〇〇人から四〇〇人の日本人が住み着き、日本人村が出来ていた。

男達は漁に出て、女達はその魚を行商し、富を蓄え田島へと送金した。これは、日本が敗戦する一九四五年（昭和二〇年）まで続いていた。

それでは、西の水軍の話は、因島水軍のとりわけ田島の海人達に焦点をあてて、その歴史を辿ってみよう。

先に述べたように、古代から瀬戸内海各地の海人達は、藻を刈り塩を焼き、漁をしながら生きてきた。中世になると、彼らは水軍と呼ばれる海賊となっていく。芸予の海を支配していた村上水軍には、それぞれ能島《のしま》・来島《くるしま》・因島《いんのしま》を拠点にした三つの流れがあり、三島村上と呼ばれていた。戦国時代の田島は、因島青影城を拠点にしていた因島村上水軍の配下にあった。田島の人々は、その末裔であるといってもいい。因島の村上水軍は、田島を統治するために、その一族を田島に派遣し、町集落の北にある天神山に支城を築き、町づくりを始めたといわれている。力をつけた田島の水軍は、〝田島宮丸〟等の大きな船を持ち、朝鮮半島から中国にまで足を伸ばして、交易をしていた。彼らはまた戦時になると、山名氏や毛利氏の水軍として出陣し、西海での地位を不動のものにしていく。

江戸時代になると、塩飽衆が幕府の船を動かす御用船方になったように、田島の海人たちは、その操船技術の高さを買われて、福山藩の船を動かす水主《かこ》となった。福山藩は、田島村を水主浦《かこうら》に指定し、藩主が参勤交代の時に使う、豪華な御座船《ござぶね》を引く夫役を命じたのである。御座船は、四人で漕ぐ小さな船を、一〇隻あまり連ねて引いていく。

また幕府が、長崎奉行を派遣したり、朝鮮通信使等を迎える時にも、藩命によって駆り出された。

その見返りとして、藩内の海の沖合で、漁業をする特権が認められていた。海辺にある集落でも、田島以外の村人は、沖に出て漁をすることは禁じられており、村の沿岸で細々とイワシを捕ることぐらいしか出来なかった。江戸時代から田島の沖は、有名な鯛の漁場で、〝備後田島の鯛〟として福山藩を代表する特産品となっていた。

鯛漁が盛んになるにつれて、田島の人々は、船で使う大網を作る特技を蓄積していく。中世までは、藁で作られた藁網で漁をしていたが、近世になると田島ではいちはやく、三次盆地で作られる麻を使った麻網の製造を手掛け、網の産地として知られるようになる。

鯛漁の季節は、春の四月五月で、最盛期は短い。沖合で大網を使って漁が出来る田島の漁師達と、西海で鯨を取る鯨組の旦那衆のニーズが一致し、一七〇〇年代になると、鯛漁を終えた田島の漁師達は、西海へ出稼ぎに行くようになる。

8　海の記憶（4）

北氷洋の鯨は、氷に閉ざされる冬になる前に、ベーリング海峡を通って、繁殖地である温かい南の海へと回遊を始める。古よりその鯨を捕って人々は生命を繋いできた。古代の遺跡からも、鯨漁を行っていたことがうかがえる骨や銛《もり》が出土しているのだ。

鯨漁は、近世までは鯨を追い詰めて銛で突く、突取法《つきとり》であった。ところが近世になると、海中に網を張りめぐらし、網につかまって弱った鯨を銛で突く網取法《あみとり》という漁法が生まれる。網取法は、鯨を網へ追い込む船、その網を張る船、銛を打ち仕留める船等々の、約四〇隻の船へ、五〇〇人近くが乗り込んで行う大がかりな鯨漁である。また浜には、捕った鯨を解体するチームが待っていた。

この捕鯨業者のことを鯨組と呼び、そのオーナーを鯨組主という。鯨組主になるには、藩の御墨付きと、多くの船を買い、人を雇える財力を必要とした。西海の鯨組のスポンサーは、鎖国になる前に、オランダ貿易などで財をなした商人達が多い。その網の部分を担当したのが、田島の漁民であった。総延長一キロにもなる大網を、三重に張り巡らせて鯨を追いこんでいくのである。

生月島の鯨組は、アワビ等の海産物を中国へ売って富を築いた畳屋又左衛門という商人が、始めたといわれている。畳屋は、平戸藩主から〝益富〟という姓を授かり、以降「益富屋」と名乗って、日本一の鯨組主となっていく。

鯨漁は「鯨一頭で七浦が潤う」と言われるほどの富をもたらした。益富組は、一七二五年（享保10）から一八七三年（明和6）の一四八年間に二万二〇〇〇頭近い鯨を捕獲し、三三二万両の利益をあげている。

とにかく鯨には、捨てる所がない。鯨肉は、塩漬けにして食用とし、鯨油は、灯火用や機械の潤滑油になり、鯨骨は装飾品・琴・麻雀牌に使われ、鯨のひげは傘の骨・扇の要・鯨尺（ものさし）・ヴァイオリンの弓等になる。

西海の捕鯨業は、資本主義の萌芽期としてのその時代、金や銀そして銅や鉄等の採掘業に負けないほどの大事業であった。益富組は、全盛期には二〇〇隻の船を持ち、三〇〇〇人の水夫を使っていた。前線で鯨を捕る職人は五島や生月島の海士（潜水漁士）が、船を操るのは瀬戸内海沿岸の室津や上関等から来た水夫が、造船や船の修理は倉橋島からの船大工が、銛や船釘を扱うのは鞆からの鍛冶が、そして網を扱うのは田島からの網大工が担

横田漁港（横島）から田島を見る
中央左に新睦橋、橋の向こうが田島・町地区

当していた。瀬戸内海や西海地方で生きてきたそれぞれ土地の技の熟練者が集められて、はじめて鯨組は機能することになる。

田島とその南の横島には、耕作に適する平地が少ない。今は合併して橋も架かっているが、江戸時代には狭い〝防地の瀬戸〟を挟んで、田島村と横島村は、漁場争い等で対立することが多く、「田島の田なし」「横島の夜なし」とお互いを嘲りあったという。田島は貧乏で田んぼがなく、横島は夜仕事をしなければならないほど貧乏だと、からかいあうのである。しかし村上水軍の流れを引く内海町の漁民は逞しい。かのヴァイキングのように目の前にある海をよりどころとして、世界を見つめて羽撃《はばた》いていくのである。

江戸時代、鯛網作りで培った〝麻網作り〟の技術の高さは、日本中に知れ渡るようになり、西海捕鯨へと結びついた。田島の西南部にある〝町〟と呼ばれる地区では麻網作りが盛んになり、それを束ねる豊かな麻網問屋が次々と生まれた。彼らは町地区に豪勢な邸宅を並べ、廻船を所有して富を蓄えていく。貧しい島民の女達は、男達が西海に出稼ぎに行っている間、麻網作りの下請となって、麻を叩き、ほぐし、撚《よ》って網にして、問屋に納めて暮しを紡いだ。町地区のど真ん中を、島には不似合いな二間余りの大きな道路が真っ直ぐに貫いているのは、江戸時代に網を編んだり、繕ったりしていた名残である。

一九世紀に入ると、その鯨組にも翳りが見えはじめる。欧米諸国が競って鯨漁に参入し、夏の北氷洋やベーリング海にまで出かけ、回遊前の鯨を大量に捕ったので、鯨の数が大幅に減ってしまったのだ。明治維新の時活躍した、漂流民ジョン万次郎を助けたのも、アメリカの捕鯨船であり、黒船を率いてペリーがやって来たのも、捕鯨船に使う薪や水を補給する港が必要だったからだ。それほどアメリカの捕鯨船は日本近海に出没していた。

明治時代の中頃になると、西海の鯨組は、次々と姿を消していく。

西海での捕鯨が出来なくなった田島の漁師達は、今度はフィリピンのマニラへ進出して、田島漁師の得意な打瀬網《うたせあみ》漁を始めることになる。打瀬網漁とは、船に二、三枚の帆を平行して張り、風や潮を利用して船を横に滑らせるようにして、袋状の網を引く一種の底曳き漁である。

一九〇四年（明治37）田島の麻網問屋で町のリーダーであった中井万蔵は、アメリカの植民地のフィリピン・マニラが打瀬網漁に適しているという情報を掴み、一艘の打瀬網船と四人の田島の漁師を、自腹でマニラへ派遣した。当時のマニラ漁民は、沿岸での零細な漁をしており、打瀬網漁とは競合することがなかった。

第一陣の成功のニュースで、田島・横島・百島等の漁民は、次々と海を渡った。マニラでの漁業は、大正・昭和にかけて最盛期を迎え、マニラの北部・マニラ湾に面したトンド地区には、約三〇〇〇人の日本人が住む「田島村」が出来ていた。田島の人達は、漁業から造船業、建築業、商店等へも進出し、大きな成功をおさめる者が生まれた。彼らは故郷へ送金を続け、田島の町地区にはフィリピンで成功した人々が建てた、本瓦葺でなまこ壁の大邸宅が並ぶようになった。町地区の主役が、麻網業者からマニラ移民へと移ったのである。しかし移民送出から四〇年、太平洋戦争の敗戦で、マニラ移民の人達は、ちょうど満州引揚者のように一切の富を失い、塗炭の苦しみを味わいながら、逃げるように日本を目指すことになる。

9　風早の浦から長門《ながと》の浦へ

呉の市街地から呉湾に沿って南へ七キロ余り走ると、警固屋（呉市本土側南端）と音戸（倉橋島の北端）の間を、裂くように横たわる音戸の瀬戸に出る。音戸の瀬戸は幅約九〇メートルの、細くて流れの速い水運の難所である。音戸の瀬戸はかつては陸続きであった所を、かの平清盛が宮島参詣や日宋貿易のために、船が航行できるように開削したといわれている。清盛は、土木機械もないこの時代、六万人もの人々を動員して約一〇ヵ月でこの運河を完成させたという。完成予定の一一六五年（永万1）七月一六日、まだ工事が終わらないのに日が西へ沈んでいくのを見た清盛は、日迎山の上に立ち、「返せ！戻せ！」と扇で太陽を招き返して、その日の内に工事を完成させたという伝説も生まれた。一九六七年、本土側の高烏台《たかがらす》に開削八〇〇年を記念して、立烏帽子直垂《たてえぼしひたたれ》姿の〝清盛の日招像〟が建立された。

音戸の瀬戸の開削の伝説は、清盛という圧倒的な存在感が生み出したものであろう。しかし広島大学の下向井龍彦氏等の研究によると、音戸には大きな土木工事の跡はなく、ここは昔から海で繋がっていたという。

その伝説の海峡が、それから八〇〇年後、今度は橋で再び結ばれることになる。今、音戸の瀬戸には、一九六一年と二〇一三年に架けられた二つの大きな音戸大橋がある。アーチ型の古い方の橋を渡り、倉橋島の東海岸に沿って一〇キロ余り南下すると、釣士田という小さな漁港に出る。

海を隔てた漁港の向こうには、東能美島の高い山がそそり立つ。更に南下すると車は山中に入り、宇和木峠という大きな峠にさしかかった。

その峠を貫く宇和木トンネルを抜けると、眼下に倉橋島の中心部本浦の街並が広がり、その向こうに多くの島々を浮かべて、きらきらと輝く安芸灘が見えた。この倉橋町本浦が、『万葉集』に出てくる長門の浦である。

陰暦六月七日の朝、引潮に乗って安芸津の風早の浦を出た遣新羅使は、その日の夕方、ここ長門の浦に到着した。彼らの今日の航路を、少し詳しく辿ってみよう。

安芸津の風早港を後にした遣新羅使は、三津湾を出ると西へ楫を切って地乗り航路に沿って海岸線を進む。すなわち本土側の安浦町、川尻町と、上蒲刈島・下蒲刈島の間の海を西進するのである。その海峡を抜けると正面に南北に長い倉橋島が、行く手を遮るように現れる。天平時代には、清盛が開いたという音戸の瀬戸はまだない。ここから楫を南へ切って、右手に倉橋島の亀ヶ首、鹿老渡《かろうと》等の旧跡を見ながら安芸灘を南下していく。鹿老渡のすぐ南に、鹿島という半農半漁の小さな島がある。鹿島は広島県最南端の島で、一九七六年（昭和51）に鹿島大橋が架かって、倉橋島、そして本州へと結ばれた。遣新羅使の船は、この鹿島大橋の下の狭い海峡を抜けて、倉橋湾の奥にある長門の浦（倉橋町本浦）に向かって北上していった。

遣新羅使達はこの長門の浦で「安芸国の長門の島に、磯辺に舟泊まりして作りし歌五首」と「長門の浦より船出せし夜に、月の光を仰ぎ観て作りし歌三首」の計八首の歌を残している。それでは、最初の五首のうちの四首を紹介してみよう。

石走る
滝もとどろに
鳴く蟬の
声をし聞けば
都し思ほゆ

（三六一七）

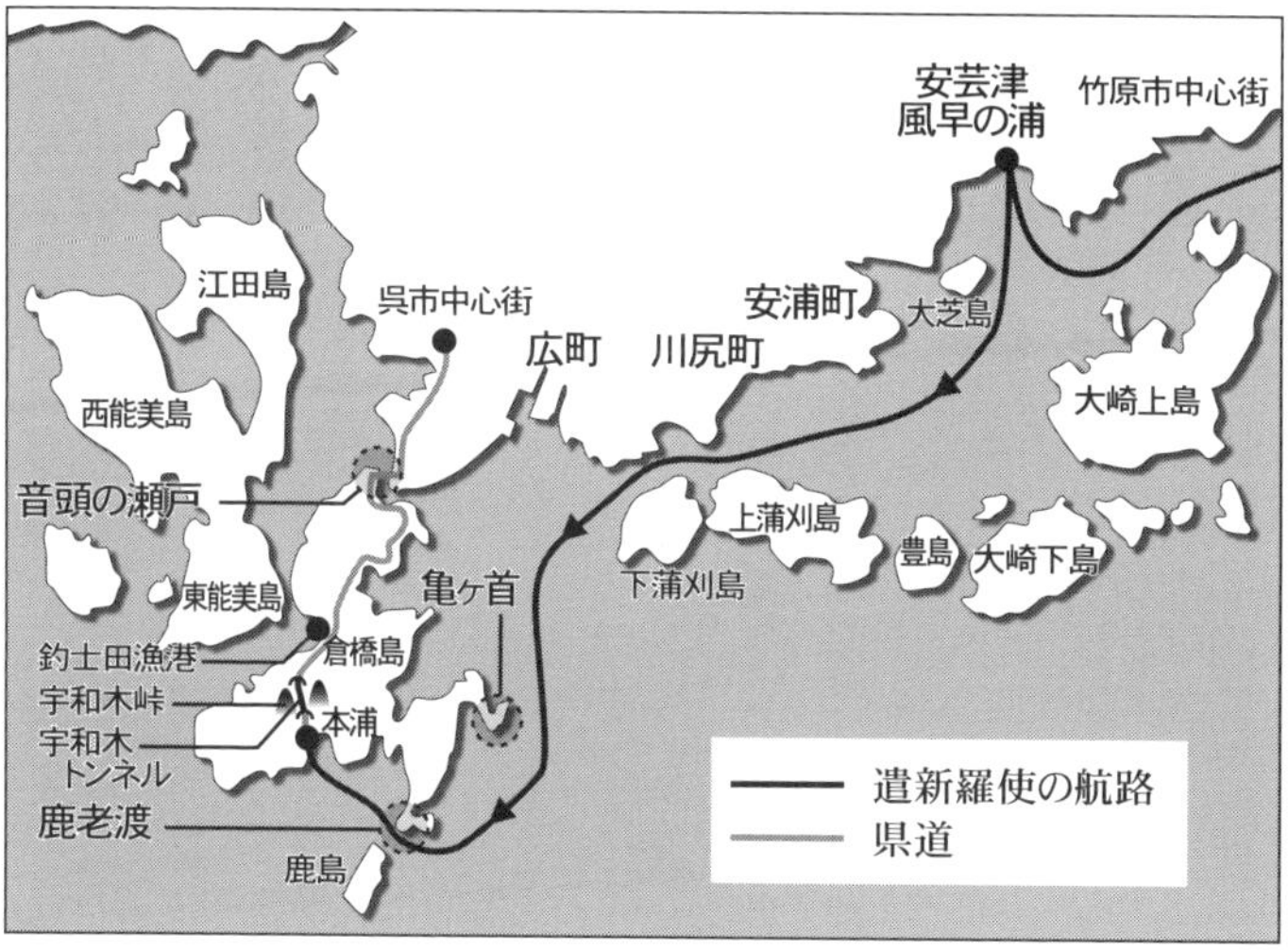

風早の浦から長門の浦へ

右の一首は、大石蓑麻呂《みのまろ》

〈訳〉
長門の浦にある岩の上をほとばしって流れていく滝が、大きな音を立てて流れるように、ひぐらしの鳴き声が響き渡るのを聞くと、都のことが思われて仕方がない。

山川の
清き川瀬に
遊べども
奈良の都は
忘れかねつも
（三六一八）

〈訳〉
長門の浦の清らかな川の瀬で、旅の

疲れを癒していても、やっぱり奈良の都は忘れることが出来ない。

磯《いそ》の間《ま》ゆ
激《たぎ》つ山川
絶えずあらば
またも相見む
秋かたまけて

（三六一九）

〈訳〉
磯の岩の間から、激しく流れ出る長門の川の水が、いつまでも絶えることなく流れ出ているのなら、新羅から帰る秋頃に、ここにまた来てみたいものよ。

我が命を
長門の島の
小松原
幾世を経てか

神さびわたる

（三六二一）

〈訳〉

長門の島の美しい緑の松原は、どのくらいの年月を経てこんなにも神々しくなったのだろう。

（私の命もこのように長くあって欲しいものだ。）

倉橋町本浦とりわけその東に位置する桂浜は「日本の白砂青松一〇〇選」や「日本の渚百選」に選ばれた美しい浜である。高く美しい声で鳴く夥しい蜩の合唱に迎えられ、遣新羅使達はここで一夜を過ごし、翌日は長門の浦に上陸し、岩から流れ落ちる水と遊んだのであろう。一日一日と都を離れていくせつない旅の途中、奈良の都やそこで待つ妻達に思いをめぐらした歌が続いていく。

10 倉橋島物語（1）

七三六年（天平8）の春、遣新羅使に任命された一行は、都から難波津に移り、渡航準備が完了した夏六月の朔日に、新羅へ向けて出航した。彼らは今、都から遠く離れた長門の浦に辿りついて、川瀬で遊びながら休息をしているのだ。予定では秋には帰ることになってはいるが、命懸けの旅の前途の事を思えば、どうしても都やそこに残してきた妻子のことばかりが思い出されるのである。

桂浜の中心にある「万葉集史蹟長門島之碑」という巨大な歌碑から松林に沿って東に歩くと、桂浜が尽きるあたりに、「長門の造船歴史館」がある。一九九二年（平成4）に開館したこの歴史館には、復元された実物大の遣唐使船が展示されている。

朱に塗られたこの船は、高さが一七メートルもある大きな帆を二つ持ち、長さ二五メートル幅七メートルもある大きなものだ。波の音を聞きながら、誰もいない歴史館を見学した。倉橋島は古代から造船の島であったようだ。古くは推古天皇（在位五七二～六二八）

「長門の造船歴史館」から望む桂浜

の時代に、川辺臣《かわべのおみ》を安芸国に派遣して船を造らせたとか、孝徳天皇（在位六四五〜六五四）の時代にも、倭漢直《やまとのあやめのあたえ》県《あがた》らを安芸国に派遣して百済船二体を造らせたという記録がある。日本最古の歴史書『日本書紀』や『続日本紀』にも、諸国に命じて遣唐使船を造らせたという記述が九回あるが、そのうち七回は安芸国に割りあてられたとある。それではなぜ安芸の国が、即《そのまま》倉橋島だといわれるようになったのであろう。遣新羅使の寄港地や遣唐使船の建造地が、安芸国の長門の島であり、その長門の島が倉橋島であるということが、動かない歴史的事実であるようにいわれるようになったのは、江戸時代からである。

「長門の島が倉橋島である」と論述したのは、香川南浜《かがわなんぴん》という広島藩の儒学者である。それまでは広島湾に浮かぶ江波島が、長門の島だと考えられていたようである。

近世になると、太田川が運んできた土砂の堆積や干拓によって、江波島のみならず、白島（旧箱島）、比治山（旧日地山島）、黄金山（旧仁保島）等々の、広島湾に浮かんでいた島々は地続きとなって、今の広島の市街地が形成されていく。

一七九二年（寛政4）夏、香川南浜は長門の島を探し求めて倉橋島に来た。遣新羅使が残した歌に表現されている美しい松原があり、石走る小川と川瀬がある、本浦の情景が長門の浦であると南浜は確信した。しかも浦の出口には、長門口、長門崎という地名が残っていることもつきとめた。こうして倉橋島が長門の島となった。それ以降出版された『芸藩通志』や『倉橋島志』等も南浜の説に従うようになる。

古代すでに、近畿地方では寺院建築などで多くの森林が伐採されて、深刻な木材不足となっていた。そこで豊かな森林がある安芸国とりわけ倉橋島を中心とするこの地方が、造船の拠点となっていったと考えられている。船を造る木材が採れる〝舟木〟という地名が、今でも安芸地方には何カ所も残されている。中世に入ると倉橋島はまさに造船の島となり、平家水軍の船、そして秀吉の朝鮮遠征の船、江戸時代の千石船等々を造り続けて、現代に至っている。

倉橋島の亀ヶ首の南にある海越《かいごし》地区には、〝唐船《とうせん》浜〟という地名が残っている。ここが『日本書紀』に記されている遣唐使船の造船地だといわれている。

また『芸藩通志』には豊臣秀吉が、文禄の役の時、毛利氏に命じて船を造らせた所が、〝唐船浜〟であると記されている。

かつての伝説の造船の島は、いつしか伝統の造船の島となったのである。

11　倉橋島物語（2）

倉橋島は、地乗り航法でも、沖乗り航法でも、瀬戸内海の航海にはいつも重要な位置を占めてきた。

地乗り航法は、まだ航海技術が未熟だった古代から中世にかけての航海法で、山陽地方の陸に近いところを、山を目標《めじるし》にしながら〝潮待ち〟〝風待ち〟をしながら行く航海法である。ここ倉橋島（本浦）や牛窓、下津井、笠岡、鞆、尾道、竹原などが、この航法で栄えた港町である。

沖乗り航法は、江戸時代に入って、造船術と操船術が進歩した北前船等の大型船が、瀬戸内海の中央部を、まっすぐに進んだ航法のことであり、上関（山口県）、鹿老渡《かろうと》（倉橋島）、御手洗（大橋下島）、木江（大崎上島）等が、この航法で栄えた港町である。倉橋島の最南端鹿老渡へは、桂浜から南へ約一〇キロ、曲がりくねった海岸線を走る県道を行く。この珍しい地名は、朝鮮通信使が立ち寄った由縁からだとして、〝韓停《からどまり》〟が〝韓門《からと》〟そし

火山（ひやま）の麓から南を見る。中心に本浦、左手に伸びる鹿老渡・鹿島

て“鹿老渡《かろうと》”と転じたものだという言い伝えがある。

鹿老渡港は安芸灘に突き出した半島の付け根にある、細い砂洲状の土地にある。南北に二つの良港があり、沖乗り航路の港町として栄えた。日本海から瀬戸内海へ入ってくる北前船は、山口県の下関、中関（防府市三田尻港のこと）上関（熊毛郡上関町）の防長三関を東へと進んで、広島県に入ってくる。上関は、今中国電力の原子力発電所建設で揺れている町だ。鹿老渡は、その上関と、御手洗、木江の丁度中間点であるという地の利を生かし、沖乗り航法の重要な港として、江戸時代に急激に発展した港町である。

一七三〇年（享保15）広島藩は、この鹿

老渡に碁盤の目のような街並を作ったが、今はその名残はない。唯一残されている宮林家は、かつて海の本陣の役割を果した豪商であった。参勤交代の時、九州の諸大名の船は鹿老渡港に入ると、この宮林家を利用した。宮林家は、とりわけ日向藩とのつながりが深かったという。切り妻造り、黒い本瓦葺の母屋は、すべて日向材が使われた豪奢なもので、江戸時代の豪商の佇まいをよく残している。頼山陽や頼聿庵《いつあん》のような文人墨客もよく訪れたという豪邸は、今は民宿となっている。

明治になると、この穏やかな島の状況が一変する。清（中国）やロシアとの関係が悪化し、きなくさい臭いが漂いはじめた一八八九年（明治22）、呉に海軍鎮守府が設けられ、小さな半農半漁の三つの村は、軍港の町として歴史を刻みはじめる。とりわけ宮原村は土地の大部分を提供し、一〇二三戸の家が失われた。

横須賀・呉・佐世保・舞鶴に置かれた鎮守府は、各海軍区の警備、防御、徴兵、出征等を司る海軍の総司令部であり拠点である。一九〇三年、さらに海軍工廠という、海軍直属の、兵器、弾薬、船舶等を製造する巨大な軍需工場が設置された。倉橋島は、その呉軍港の一部を形成する地域であるとして、旧要塞地帯法が適用され、〝呉要塞地帯〟に指定され、測量、撮影、漁業などが厳しく制限されることになった。ひとたび要塞地帯となれば、軍の支配下に置かれ、徹底した秘密主義が貫かれ、そこにはもう自由な町の発展はない。

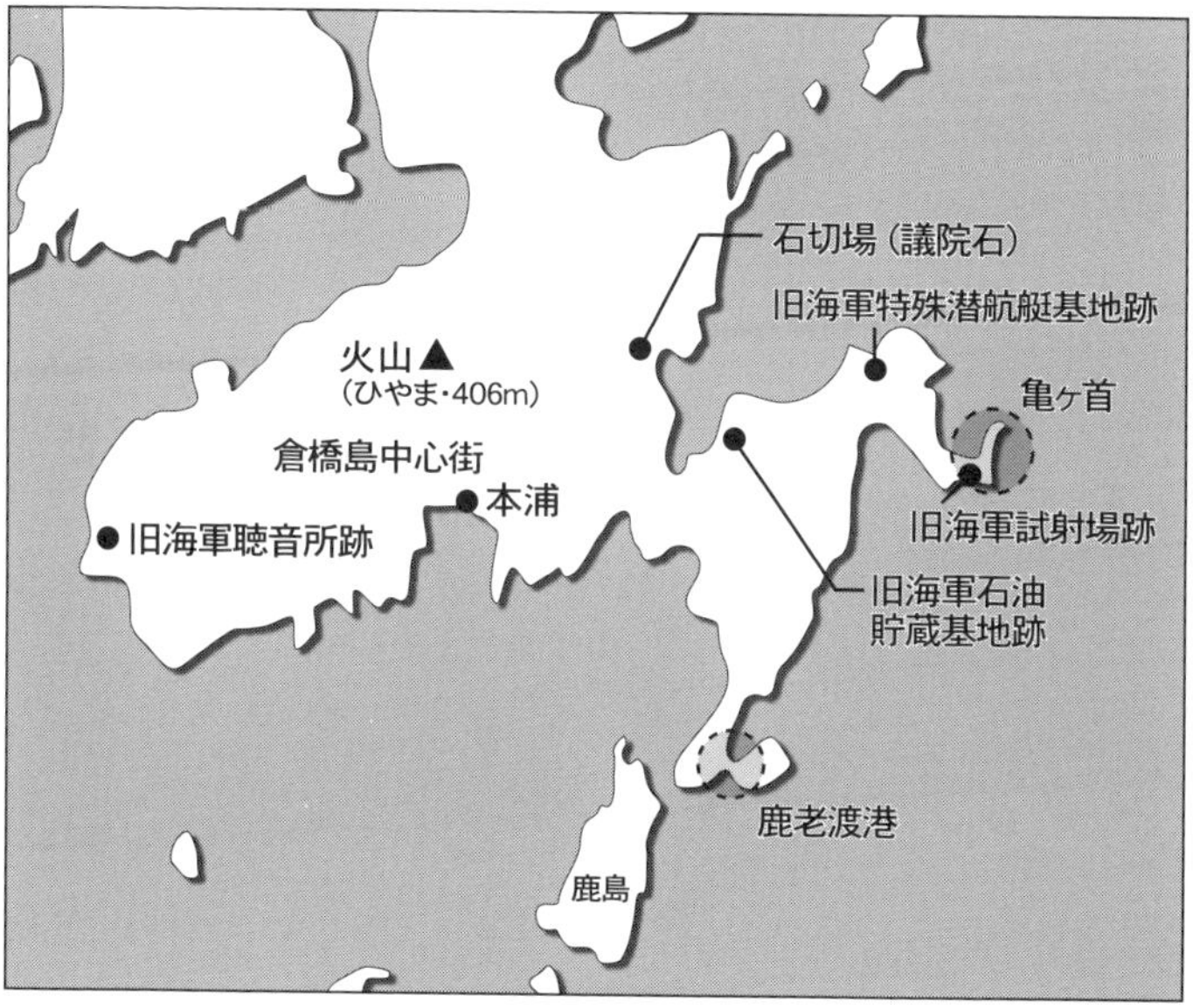

倉橋島南部

富国強兵を推し進める極東の小さな国は、日清、日露戦争を乗り切って、ますます軍事力を増強し、ひたすら帝国主義への道を邁進する。この流れの中で呉海軍工廠は、急激な発展を遂げ、ドイツのクルップと比肩する世界の二大兵器工場となっていく。当時世界一巨大だった戦艦大和をはじめ、戦艦長門等の数多くの軍艦が、ここで建造された。軍港都市呉は、太平洋戦争中人口は四〇万人を越していた。

終戦直前の一九四五年七月、呉は悲劇的な破滅を迎える。アメリカの爆撃機B29が二九〇機襲来し、呉を徹底して焼き尽くしたのである。工廠関係の死者は一九〇〇名にのぼった。敗戦後、海軍がなくなった呉市の人口は、一五万人に減ってしまう。しかし海軍工廠のドックは石川島播磨重工業（ＩＨＩ）に受け継がれ、一九五九年（昭和34）世界最初の一〇万トンタンカー「ユニナース・アポロ」を建造する所まで復活する。また海軍は姿を変え、海上自衛隊となり再び造船と軍の町となっている。

この軍港都市呉の歩みが、そのまま倉橋島に投影されている。倉橋島の東端の亀ヶ首には艦砲試射場が設置され、戦艦大和などに積まれた四五インチ砲とか六〇インチ砲等の大きな大砲が、ここで試射された。またどれだけの弾丸に耐えられるかという軍艦の甲鉄板の耐弾試験場も設けられ、その試験が繰り返された。戦艦大和は倉橋島の存在なくしては生まれなかったといってもよい。太平洋戦争に突入すると、特殊潜航艇の基地や潜水艦の聴音所も作られて、軍一色の町になっていく。ほとんどの軍事施設は、敗戦後ただちに軍によって爆破されたといわれている。太平洋戦争終了から間もなく七〇年になるが、軍の機密のベールに包まれたこれらの施設の実態は、未だに明らかになっていないことが多い。

倉橋島は古代からの造船の島、そして近くはミカンの花咲く段々畑の美しい島であるが、この島の近代史は、戦争の色に塗り込まれて実に痛々しい。

倉橋島は、太平洋戦争が終わると、また半農半漁の貧しい島に帰った。倉橋島は、造船とミカンの島と書いたが、もう一つ忘れてはならない特産品に良質の花崗岩がある。近代になると、豊富に採れる花崗岩は、鉄道の敷石や、海の埋め立ての捨て石等に利用された。特筆すべきは、一九三六年（昭和11）に竣工した国会議事堂に、倉橋島の花崗岩が利用されたということである。倉橋島の花崗岩は〝桜《さくら》御影《みかげ》〟と呼ばれる薄いピンク色をしている。以来倉橋島の石は、「議院石」とよばれるブランド品となり、横浜裁判所、宮崎県庁、阪神ビル等に使われている。

山田洋次監督の初期の傑作に『故郷』（一九七二年）という映画がある。フィクションであるが、戦後の倉橋島の生活のドキュメンタリーといっていい。切り出された石を、ボロ船を使って海に埋める仕事をする夫婦の物語である。井川比佐志、倍賞千恵子演じる夫婦の生き様に、戦後の倉橋島の状況が凝縮されている。『故郷』は、福山ロケで有名な『家族』（一九七〇年）『遥かなる山の呼び声』（一九八〇年）とともに、倍賞千恵子演じる〝民子三部作〟といわれている。

V　長門の浦から分間の浦へ

1　長門《ながと》の浦《うら》から麻里布《まりふ》の浦《うら》へ

桂浜にある造船資料館の側を走る、県道を越えた所に「万葉植物公園」がある。ここにはフジ、コブシ、ヤマモモ、ヤマツバキ等の、『万葉集』に詠まれた約六〇種類の植物が植えられている。ちなみに『万葉集』約四五〇〇首の歌の中の、約二〇〇〇首に植物が詠み込まれている。万葉びとが親しんだ植物を、多い順に並べてみよう。一位・萩（一四二首）二位・こうぞ・麻（一三八首）三位・梅（一一九首）四位・ひおうぎ（七九首）五位・松（七七首）六位・藻（七四首）七位・橘《たちばな》（六九首）八位・稲（五七首）九位・すげ（四九首）一〇位・あし（四九首）一一位・桜（四六首）となる。公園の中央部分に、かつての『万葉集』研究の第一人者・犬養孝が揮毫した「わが命を　長門の…」（三六二一）の歌碑が建てられている。

陰暦六月七日の夕方、降り注ぐ蟬時雨を浴びながら、遣新羅使の一行は、倉橋島の本浦

（桂浜）に船を入れここで一泊した。

翌八日、日のある間は、倉橋島の滝や川で遊んで英気を養っている。一行がここで休んでいる間に、難波津からの旅で、傷んだ船の修理もしたのだろう。倉橋島はこの時代から、名に負う造船の島であったので、多くの船大工がいたと考えられる。

そして、その日の夕方、本浦を照らす上弦の月の光を頼りに、西の方にある麻里布の浦（現岩国市）に向かって、船を漕ぎ出したのであろう。『万葉集』に残された彼らの歌からの推測である。その三首の歌を紹介しよう。

長門の浦より船出せし夜に、月の光を仰ぎ観て作りし歌三首

月読《つくよみ》の
光を清《きよ》み
夕凪《なぎ》に
水主《かこ》の声呼び
浦廻《うらみ》漕ぐかも

（三六二二）

〈訳〉
月の光が澄んでいる。海は夕凪である。漕ぎ手の水夫達が声を合わせて、浦づたいに船を漕いでいくことであるよ。

山の端《は》に
月かたぶけば漁《いざり》する
海人《あま》の
灯火《ともしび》
沖になづさふ
（三六二三）

〈訳〉
山の端に、月が沈もうとすると、漁をしている海人《あま》の舟の火が、沖の波間に漂うのが見えることだ。

吾《われ》のみや
夜船《よふね》は漕ぐと

思へれば
沖辺《おきへ》の方《かた》に
梶《かじ》の音すなり

（三六二四）

〈訳〉

私たちの船が、夜船を漕いでいるのかと思っていると、誰の、何処へ行く船なのであろうか。沖の方でも梶の音が聞こえてくる。

海が鏡のように穏やかになる本浦の夕凪、清らかな月の光を頼りに、多くの水夫《かこ》達は威勢良く音頭をとって漕ぎ出していく。木長鼻を通過し、湾を抜けて安芸灘に出る。月はもう、西の島の山の端に傾いている。上弦の月の入りは早い。自分達だけが、夜の海を行っていると思っていたら、沖の方で櫓《ろ》を漕ぐ音がする。

三六二四番の歌は、旅人の不安と淋しさを倉橋の情景の中に見事に表現しており、遣新羅使一四五首の歌を代表する秀歌だといわれている。

当時、地元の漁師は別にして、夜船を出すのは、この上なく危険なことだとして慎まれていた。七三六年の遣新羅使の旅の中で、夜船を漕ぎ出しているのは、神島（笠岡）と倉

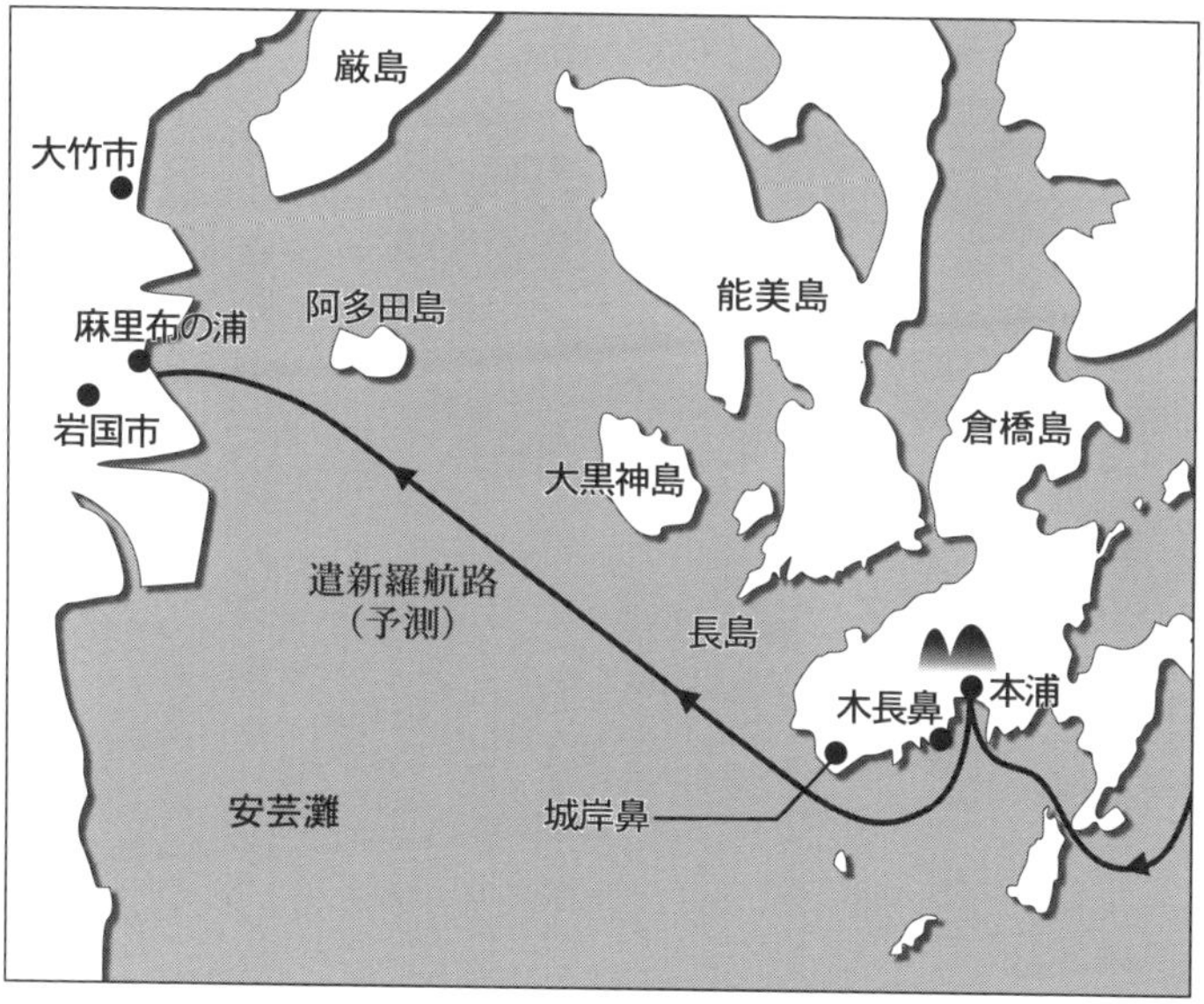

長門の浦から麻里布の浦へ

橋島の二回だけである。その危険な夜に、何故船を出したのだろう。様々な学説があるようだが、二つだけ紹介しておこう。

倉橋島を夜出たのは、阿波の鳴門とならぶもっとも危険な大島の鳴門（周防大島と大畠の間の大畠瀬戸）を、よく目視がきく昼の下げ潮に乗って通過するために、逆算して出航したという説である。

神島の場合も、同じように布刈《めかり》瀬戸（今の因島大橋の下）を安全に通過するためだったという。

もう一つの説は、夏の航海で日増しに消耗していく、水手の体力を考えての事だとする説である。

旧暦の六月といえば、太陽暦でいえば七・八月にあたり、夏の真っ盛りである。燃えるような太陽と、海からの照り返しが、水手達を大層苦しめるので、天候が穏やかならば、月の光を利用して涼しい夜を行った方がよいと、考えたのではないかというのである。

倉橋島（本浦）から、麻里布（現・岩国市）までは、直線にして約三〇キロの距離である。

安芸灘に出た船団は、倉橋島の南西の岬・城岸鼻を通過すると、広島湾に向かう満ち潮を利用して、北西に進路を取って、長島・大黒神島・阿多田島の南側を、島伝いに船を進めていったようだ。とにかく沖に出ない、典型的な地乗り航法での航海である。阿多田島は厳島のすぐ南にある、大竹市に属する漁業の島である。夜、倉橋を出た一行は朝方この島の沖を行ったのだろう。麻里布まではあと一〇キロ余である。二〇一四年の一月一五日午前八時頃、自衛隊の輸送艦「おおすみ」と小さな漁船が、この島の沖で衝突し、二人の釣り人が亡くなるという悲劇が起きた。この日も快晴で、視界も良く、べた凪であったという。

2　麻里布の浦の物語

長門の浦（倉橋島）を夜船出した遣新羅使は、月の光を頼りにして、倉橋島の北西に位置する麻里布の浦（現・岩国市）に向けて、漕ぎ出していった。安芸灘や伊予灘から広島湾奥に向かって満ち寄せてくる、ゆるやかな上げ潮を利用したのである。明け方にはもう麻里布の浦の沖合に到達していただろう。遣新羅使は麻里布の浦に立ち寄ることなく、その沖合で、引き潮になるまで休んで、潮目が変わる朝七時から八時頃、一気に南へ下っていったのであろう。

遣新羅使は、「周防の国玖珂《くが》の郡麻里布の浦を行きし時に作りし歌」と題して、この麻里布の浦を通過する時、八首の歌を残している。そのうちの三首には、麻里布の浦そのものが詠い込まれている。紹介してみたい。

ま梶貫《かぢぬ》き

船し行かずは
見れど飽《あ》かぬ　麻里布の浦に
宿りせましを

（三六三〇）

〈訳〉
船の左右の櫓を目一杯出して、船を漕いで行くのでなかったら、見ても見飽きない麻里布の浦に、仮の宿りをしようものを…。

大船に
かし振り立てて
浜清《はまぎよ》き
麻里布の浦に
宿りかせまし

（三六三二）

〈訳〉
私達の乗るこの大きな船を、この美しい麻里布の浦に停泊させるために、船をつなぐた

岩国市南部より安芸灘を臨む
（右：阿多田島から左：岩国の麻里布の浦へ遣新羅使は進んだ）

めの杭を打ち込んでここへ泊まったものだろうかと、いろいろとためらうことであるよ。

妹が家路《いへじ》
近くありせば
見れど飽《あ》かぬ
麻里布の浦を
見せましものを
（三六三五）

〈訳〉
妻の住む家への道が、もし近かったらすぐ連れて来て、見ても飽きない麻里布の浦を、見せたいものを。

船が大島の鳴門（大畠瀬戸）を目指し

て先を急ぐので、美しい麻里布の浦に立ち寄ることが出来ないと、作者は嘆いているのだ。「見れど飽かぬ」という賛辞を二度も使っていることで、その当時、麻里布の浦が、都でも有名な景勝地であったことを窺うことが出来る。

また、「浜清き《はまぎよ》」という表現から、この浦の浜がとても清らかであったこともわかる。その麻里布の浦は、いったい岩国のどこにあったのだろう。古来から岩国は、海と陸の交通の要衝であったようだ。古代山陽道の石国《いわくに》の駅（古代岩国はこう表記した）は錦帯橋のはるか上流の関戸か多田（山陽自動車道岩国インターの外）あたりにあったと比定されている。

また海の玄関麻里布の浦は、今の海岸線から今津川を五キロばかり遡った麻里布町室の木一帯（岩国駅と西岩国駅〈岩徳線〉の中間点あたり）と考えられている。古代の海岸線は、西岩国駅あたりまで迫っていたようだ。ちなみに古代山陽道は、関戸から徳山までは、ほぼJR岩徳線と重なっていると考えられている。

岩国市の北に聳える岩国山の中腹から、市内を見下ろすと、この町が山口県最大の河川錦川が運んできた土砂の堆積と、江戸時代から始まった大規模な干拓によって生まれたことがよくわかる。

岩国三代藩主吉川広嘉《ひろよし》が架けた、五個の木造アーチからなる錦帯橋の下を通過した錦川は、次第に東に流れを変え西岩国駅のあたりで、そのまま東に進む今津川と、南に流れていく門前川の二つの流れとなってそれぞれ安芸灘に流れ込んでいる。

二つの川の間の干拓されたデルタ地帯に生まれたのが、現在の川下地区である。その広大な土地に米海兵隊岩国基地があり、その一部を利用させて貰う形で、二〇一二年春に〝岩国錦帯橋空港〟が生まれた。米軍基地を利用した民間空港は、三沢（青森）と、ここ岩国の二つだけである。

高台から今の岩国の海岸線に目を遣《や》ると、幾つかの川を挟んで北から日本製紙、帝人、米軍岩国基地、東洋紡、岩国火力発電所等々と現代日本を象徴する施設と工場が立ち並んでいる。遣新羅使が、いつまで見ていても飽きないと表現した、麻里布の浦の姿は、今どこにも見当らない。辛うじて、かつて麻里布の浦があったであろうと考えられるＪＲ岩国駅の西側一帯に、麻里布と名の付いた小学校や中学校が有るだけである。

城下町岩国の基礎を作ったのは吉川広家《ひろいえ》である。広家の父は、安芸国山県郡大朝（現・北広島町）の日の山城主吉川元春《もとはる》である。

毛利家中興の祖毛利元就は、毛利家の繁栄が末長く続くようにと『三子教訓状』という文書を、三人の息子に残している。「一本の矢はすぐに折れるが、三本まとまれば容易には折れない」という〝三本の矢〟の話はこの遺訓をもとに創作されたエピソードである。

「三矢《さんし》の教え」は、戦前の小学校の教科書にも載せられるほど有名な話となった。

Jリーグ広島サンフレッチェの名前も、日本語の「三」とイタリア語の「矢」を意味する「フレッツェ」が、組み合わされて生まれたものである。

さて元就の三人の息子とは、毛利隆元と吉川家の養子となった元春、小早川家の養子となった隆景のことである。彼らは父の教えをよく守り、毛利両川という強固の体制を築いて、中国地方の十国を平定、一二〇万石の大大名となっていく。ところが関ヶ原の戦が起こり、しぶしぶ西軍に与《くみ》した毛利家は敗れてしまう。とりわけ吉川家と小早川家は、東軍の家康に通じていたといわれている。

勝った東軍の家康は、毛利本家を周防・長門の二国へ押し込め、吉川広家には、岩国三万石を与えた。

小早川隆景の養子になった小早川秀秋が、関ヶ原の戦で、突然西軍から東軍に寝返り、東軍がたった一日で勝ってしまう。秀秋は岡山藩主となるが、数年後に狂死したという。

岩国に入った吉川広家は、錦川の右岸横山の山上に城を築き、その山麓に居館を築き城下町を作っていく。代々の当主は錦川の治水工事と新田開発をすすめ、干拓を繰り返し現市域に一一〇〇余町歩の耕地を造成し、岩国の発展の礎を築いていく。

麻里布の浦の姿が消えたのは、この頃のことであったのだろうか。

3　岩国物語

平安時代末期の源平合戦の時には、麻里布の浦があったとされる岩国あたりを拠点にしていた〝岩国氏〟という豪族があったことが記されている。

中世になると、守護大名大内氏の支配を長く受けるようになり、永興寺《ようこうじ》等の寺社が次々と建立された。

強大な勢力を誇った大内氏も、一五五一年、大内義隆が家臣陶晴賢の謀反によって殺され、大内政権にひびが入った。その陶晴賢は、安芸国毛利元就と、中国地方の覇権をかけて宮島（厳島）で決戦をすることになる。

その時、陶晴賢はここ岩国から、五〇〇艘余の船と、三万人もの兵を率いて宮島へ出陣して行った。しかし陶晴賢軍は、わずか三五〇〇人の毛利軍の策略にかかり壊滅する。それ以降防長の国は毛利氏の勢力下に入ることになる。

一六〇〇年、戦国時代の終焉を告げる、天下分け目の大決戦関ヶ原の戦が起こる。東軍の徳川家康に対する、西軍の大将は、石田三成に担がれた中国地方十ヵ国一二〇万石の大大名毛利輝元である。しかし西軍は毛利一族の小早川秀秋の寝返りによってあえなく敗戦する。家康は周防、長門の両国を毛利輝元と秀就《ひでなり》（輝元の長男）に与え、その毛利領の東口の押さえとして、吉川広家に岩国三万石を与えた。

中国地方十ヵ国を領有する大大名から、防長二ヵ国三七万石の大名に減封された毛利家の苦難がここから始まった。家臣達の多くは、それぞれの国に残り、武士を捨て農民に帰っていった。藩主とともに長州へ移った家臣の家禄は半減され、糊口を凌ぐような生活を余儀なくさせられた。毎年萩城で行われる新年会では、「今年こそは徳川を討とう」と静かに復讐を誓いあったという言い伝えがある。

それから二六〇年の年月が流れた。長州は尊皇攘夷を唱えて討幕運動に起ち上った。徳川幕府はこれを武力で押え込もうと、二度に渡る長州征討を行うことになる。岩国は第二次長州征討（一八六六年）の時、その戦場となった。

この戦争のことを幕府側は〝長州征討〟〝長州征伐〟等と呼ぶが、長州では〝四境戦争〟と呼ぶ。幕府が全国の藩に命令を下し、大軍を率いて長州を包囲する形で、国境の四ヵ所から攻撃したからである。その四つの国境とは、芸州口（広島藩との国境）、石州口（浜田藩との国境）、小倉口（小倉藩との国境）、大島口（瀬戸内海の制海権をめぐる要衝周防

玖波宿
宮島
(厳島)
安芸国
四境戦争合戦地
小方宿
苦の坂
新道(2号線)
安芸灘
大竹市街地
小瀬川(木野川)
〈小瀬川が国境〉
猪子島
周防国
阿多田島
旧山陽道
岩国城
錦川
麻里布の浦
岩国市街地
今津川
米軍基地
門前川

岩国周辺略図

大島）である。この時福山藩は、幕命を受けて、石州口の戦いに参戦した。

芸州口にあたる岩国を攻撃したのは、紀州藩主・徳川茂承《もちつぐ》を総督とする、紀州藩、彦根藩、高田藩などの約三万人の軍勢である。

これを迎え撃ったのは、岩国藩士と農民から被差別民までを含んだ新しい軍隊・長州軍の約一〇〇〇人であったという。

左手に宮島を見ながら廿日市、玖波、小方へと進んだ幕府軍は、小方から二つのルートを通って国境の小瀬川《おぜがわ》（安芸国ではこの木野川《このがわ》と呼ぶ）に向かった。一つは江戸時代の山陽道（西国街道）沿いに山中に入り、苦の坂峠を越して小瀬川の上流・木野村の中津原へ出て小瀬川を渡るもので、もう一つは江戸時代に干拓された海辺の土地を通り、現在の大竹市街地を抜けて小瀬川の河口の土手に出るルートである。幕府軍は大竹口の方へ、正面軍として彦根藩を、側面軍として高田藩を苦の坂越えをするように配した。こうして小瀬川をはさんで長州勢と対峙したのが、一八六六年六月一三日のことである。

これに対する長州軍は、橋を破壊し、萩本藩と岩国藩そして神出鬼没の遊撃隊の約一〇〇〇人を、対岸の要所に配置して、待っていた。

六月一四日朝、幕府正面軍が渡河を始めると、合戦の火ぶたは切って落された。

圧倒的少数であったが長州軍は、ミニエー銃等の近代的装備で武装されており、予想に反して幕府軍を圧倒した。長州の遊撃軍の動きも巧妙で、上流の中津原で部隊を二手に分け、一手は幕府正面軍の側面を襲い、一手は他の長州軍とともに苦の坂峠へ向かった。峠付近で激しい攻防戦を展開し、遂に幕府軍を制圧し追い払った。さらに遊撃軍は、大竹口にいた幕府正面軍の背後を突いたので、正面軍は総崩れとなって海の方に向かって逃げ惑い溺死する者が多かった。この闘いで玖波の町は灰燼に帰し、街道沿いの町々に大きな被害が生まれた。石州口、小倉口、大島口でも同じように幕府軍は惨敗し、以降長州軍が、明治維新に向かって驀進していく。第一次長州征討では、戦わずして屈服した長州が、何故わずかな時間で体制を立て直し、幕府に勝利することが出来たのだろう。

長州勝利の陰に、土佐の坂本龍馬と薩摩の西郷隆盛の力が働いていた。第一次征討の後、相変らず不穏な動きを見せる長州に、幕府は第二次の征討を決定した。

その頃、坂本龍馬の仲介で、反目していた薩摩と長州の間に、倒幕のための秘密軍事同盟が結ばれる。龍馬が西郷隆盛と長州の木戸孝允を説き伏せたのである。薩摩は長崎のグラバー商会から、ミニエー銃等約七三〇〇挺もの銃を買い、長州にこっそり渡していた。その銃が、高杉晋作が組織した奇兵隊のような、身分に囚われない志願兵からなる志の高い革命軍団で使われることになる。一方圧倒的多数を誇る幕府軍は、関ヶ原の戦の時のような有様を残す多国籍軍で、幕府に対する忠誠心はもう薄くなっていた。

大竹口で最初に小瀬川に向かって突撃を開始したのは先鋒をまかされた彦根藩で、隊長・井伊直憲は、桜田門外で暗殺された井伊直弼の次男である。井伊家の武将達の鎧《よろい》・冑《かぶと》は井伊家伝統の美しい赤で統一された、井伊の〝赤緘《あかおどし》〟と呼ばれるものであった。惨敗して逃亡した井伊家の武将達の色あざやかな甲冑が、戦場の跡には、数多く脱ぎ捨てられていたという。岩国での四境戦争は高価な甲冑を付け駿馬に乗り、法螺貝の合図で雄叫びをあげる古い形の武士軍団が、軽装で性能の高い銃を持つ新しい軍隊に敗れた、歴史の転換点であった。

4　麻里布の浦から大島の鳴門へ

大島の鳴門（大畠瀬戸）は、本州と周防大島を隔てる海峡で、安芸灘と周防灘を結ぶ最短経路である。本土側の瀬戸山鼻と周防大島の明神鼻の間が一番狭く、幅は八〇〇メートル、水深も二〇メートルしかない。大潮になると潮の流れが九ノット（一ノットは一八五二メートル）にもなる急流となり、徳島の鳴門海峡のように、渦潮が発生する。一九七六年（昭和51）この海峡に、トラス型の大島大橋（一〇二〇メートル）が開通し、本土と周防大島が結ばれた。

この大島の鳴門を通過した時、遣新羅使の田辺秋庭《たなべのあきには》が残した歌がある。

これやこの
名に負ふ鳴門の
渦潮《うづしほ》に

玉藻《たまも》刈るとふ
海人娘子《あまおとめ》ども

（三六三八）

〈訳〉

これがまあ、都でも名に聞こえた有名な鳴門の渦潮なのだ。そしてその激流の中で玉藻を刈るという、名高い海人おとめがここにいるのだなあ。

激しい潮の流れに抗して、海藻を刈る乙女達を目のあたりにして、都から来た遣新羅使の貴族たちは、讃嘆の声をあげているのだ。この歌を作った田辺秋庭のことは、何も分かっていない。大使、副使、大伴官、小判官等の高い位の使節の歌には、名前の上にその官職名が記されているが、彼にはそれがないので低い位の随行員であったのだろう。とにかく遣新羅使は、このもっとも危険な海峡を乗り切って、その日の内に熊毛の浦（上関町）へ入港している。

私が大島の鳴門や上関を訪ねたのは、三月の初旬であった。岩国の高台にある住宅地に上って、かつて麻里布の浦があったという岩国駅周辺の市街地を見下ろす。この日は三月の初旬にしては気温が高く、しかも黄砂やＰＭ２・５が視界を妨げて、遠くに見えるはず

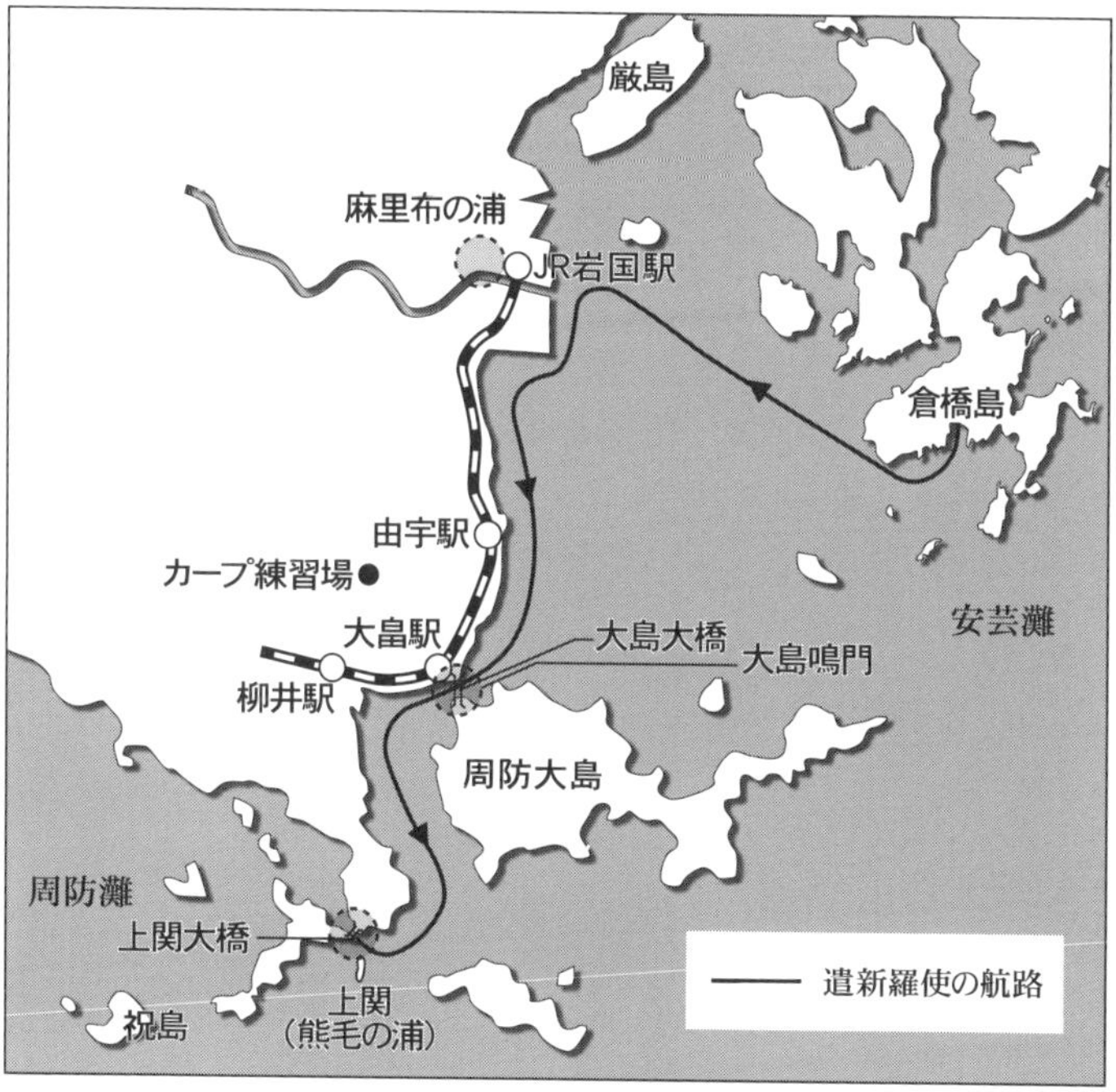

麻里布の浦から大島の瀬戸へ

の倉橋島、能美島、阿多田島などの、遣新羅使の航路は霞んで見えない。

〝見ても飽きない〟といわれた麻里布の浦の、白砂青松の海や、多くの鶴が飛来したという潟を想像しながら、しばらくそこに佇んでいた。その後大島の鳴門へ行くために岩国駅に向かった。山陽本線は、上り広島行に比べ、下り徳山行の本数は一時間二本と少ない。

十一時過ぎの徳山行の電車に乗ってＪＲ大畠《おおばたけ》駅

に向かう。岩国駅↓南岩国駅↓藤生《ふじゅう》と、干拓地の上に出来た工場地帯を抜けると、左手に安芸灘が姿を現した。ここからは切り立った山が、そのまま海に滑り込むような地形で、その狭い海岸線に沿って山陽本線と国道が重なるように敷かれている。

私がこの電車に乗ってみようと思ったのは、麻里布の浦（岩国）を出た遣新羅使が、大島の鳴門へ向かう地乗り航路が、山陽本線下りと、ほぼ並行して走っていると思うからだ。朱塗りの艶やかな遣新羅使船は、この車窓のすぐ沖合いを、多くの漕ぎ手達の勇ましい掛け声とともに、南へ下っていったのだろう。

通津《つづ》駅の次の由宇《ゆう》駅は、昔から廻船で栄えた湊町である。岩国初代藩主吉川広家は、家康から岩国領を拝領し、月山富田城《がっさんとだ》（島根・安来市）から初めてこの地にやって来た。その時由宇港に上陸し、しばらくこの地に住んだ。岩国城下がまだ町の形になっていない時のことである。もうひとつ由宇町の西の端の山中に、広大な広島カープの由宇練習場があることも付け加えておこう。

岩国駅を出て電車が南下するにつれて、行く手正面に高い峰々を抱えた周防大島（屋代島）が堂々と横たわっているのが見える。淡路島、小豆島に次ぐ、瀬戸内海で三番目に大きいこの島は、東西二五キロにも及び安芸灘の南の防潮堤のような役割を果たしている。長門の浦（倉橋島）を出た遣新羅使は、いつもこの島影を見ながら航海を続けることになる。周防大島は大きすぎて、知らない人には半島なのか島なのか分からない。

神代《こうじろ》駅を出て、小さなトンネルを抜けると、電車は少しずつ西へ旋回する。すると海峡に架かる竪琴のような大きな橋が見えてきた。電車は間もなく大畠駅に到着した。駅の前はすぐ海で、八〇〇メートルばかりの海峡の向こうに周防大島が見える。

激しい勢いで流れるこの海峡こそが、約一三〇〇年前、遣新羅使達がもっとも恐れた大島の鳴門である。美しい藻を刈る乙女はいないが、多くの機帆船が潮に逆らって喘ぐように進んで行く。

5　大島の鳴門

昼前、ＪＲ大畠駅に降り立った。下りのプラットホームの前は、もう海である。狭い海峡を隔てて、高い山脈《やまなみ》をいだく周防大島が近い。一九七六年、本州（大畠）と周防大島（屋代島ともいう）が、トラス式の大橋で結ばれた。それまでは駅前の波止場から大島側の小松港へ、国鉄の大島連絡船が通っていた。

一九七六年（昭和51）、大島大橋が完成すると、この連絡船は姿を消した。大島大橋には車道と、あるいて渡れる歩道がある。大畠の駅から五分程歩くと、橋の袂である。歩道は橋の東側すなわち安芸灘側にだけついている。同じ瀬戸内海なのに安芸灘に比べて、周防灘を渡ってくる西風は冷たくて強い。多くの島を抱える安芸灘に比べ、周防灘には、ほとんど島がないからだという。この日も風は強く、大きな橋がかすかに揺れている。橋の下を覗くと、浅瀬をゆく川のように、白い波頭を立てながら潮が流れていく。橋の中間点に柳井市と周防大島町の境界標識があった。多くの船を沈め、海人達の命を奪った海の上

大島の鳴門（大畠瀬戸）、周防大島側から見る

を、今は大型トラックや自家用車が轟音を立てて引っ切り無しに往き交う。それを見ながら遣新羅使の大型船が、この海峡を慎重に渡っていく情景を想像してみる。

一三八九年（康応1）の三月、室町幕府第三代将軍足利義満は、大船団を率いて宮島詣に出た。名目は宮島詣だが、未だ室町幕府に素直に従わない西国の大名達を威圧する、大デモンストレーションである。この時の記録が『鹿苑院殿《ろくおんいんどの》厳島詣記《いつくしまもうでのき》』である。書いたのはこの旅に随行した幕臣で、歌人でもあった今川貞世である。

この時宮島詣を済ませた一行は、周防三田尻（防府市）まで足を伸ばしている。

三月十一日　夜船は心もとなかるべしと

て、神代《かうしろ》といふ海上に御とまりなり。
三月十二日、大畠の鳴門《なると》とて、しまじまあまたある中を、こなたかなたに舟ども漕ぎ分かれて、末にて又めぐりあふめり。

この記述を見ても、古代からこの海峡を通行することが、きわめて危険であったことがよく分かる。義満一行も、夜大島の鳴門を行くのは恐しいと、手前の神代の沖で一晩過ごし、翌日海峡を越えている。七三六年の遣新羅使とほぼ同じ航路を辿っているようだ。「しまじまあまたある中を」と記されているが、実際には海峡に島はないので、潮の上に頭を出す多くの暗礁のことだろう。

船団のそれぞれの船が一番安全だと思う水脈を選んでここを越えて、また一緒になったというのである。今でもこの海峡が危険なことには変わりないが、安芸と周防を結ぶ最短距離なので、一日平均三〇〇艘の船が通過するという。柳井と松山を結ぶ、白い船体にオレンジ色のラインが鮮やかな大きなフェリーが、橋の下を通っていく。柳井から松山までのこの航路は、日本を代表するみかんの産地を繋いでいるいので、オレンジ・ラインと呼ばれている。

橋を渡り周防大島に入ると、左手に瀬戸公園がある。この公園は、大橋完成を記念して、大多満根神社の境内を整備して造られたものだ。この神社の参道にある遣新羅使・田辺秋庭の「これやこの…」の歌碑は、万葉研究の第一人者武田祐吉の揮毫によるものだ。

公園から車で約五分、飯の山（標高二六四メートル）の頂きにある展望台に上ると、遠く倉橋島から眼下の大島の鳴門まで、遣新羅使船が辿った航路が一望できる。とにかく息をのむように美しい瀬戸内海の眺望である。

岩国の麻里布の浦から、熊毛の浦（上関町）までの旅を詠んだ八首の歌の中に次のような歌がある。

筑紫道《つくしぢ》の可太《かた》の大島
しましくも
見ねば恋《こひ》しき
妹を置きてきぬ
（三六三四）

〝筑紫道の可太の大島〟は、多くの万葉研究者達によって、九州へ行く途中の大島だから、周防大島であるとされている。歌意は「しばらく逢わない恋しい妻を家において、こんなに遠くまでやってきたことだ。」となる。「可太のおほしま」のしまの音と、「しましくも」の音を掛けて序詞《じょことば》の働きをさせているのである。

遣新羅使船は、経験したことのない危険な旅を続けて、都をどんどん離れて行く。旅の途中で見るものすべてが、都への望郷と、そこへ残した妻への妻恋の要因となり、そして和歌が生まれいく。

危険な大島の鳴門を、下げ潮に乗ってなんとか越えることが出来た使節は、その日の夕刻無事に熊毛の浦へ到着する。

6 周防大島（屋代島）物語

周防大島は、国土地理院が定める正式名称では屋代島という。瀬戸内海では淡路島、小豆島に次ぐ第三番目に大きな島で、『古事記』や『日本書紀』にも早くもその名が登場してくる。『日本書紀』によると周防大島は、イザナミノミコトが生んだ〝大八島（日本の古称）〟の一つで、その七番目に生まれた島だとされている。奈良時代律令体制が成立する以前から、国造《くにのみやつこ》が置かれるほど、この島は、古代から都と筑紫を結ぶ瀬戸内海の交通の要衝として、大きな役割を果してきた。

また風光明媚な島として知られ、遣新羅使の歌（『万葉集』）のみならず『後撰集』（大江朝綱）や『源氏物語』（玉葛の巻）等にも歌い込まれている。

戦国時代、陶氏と毛利氏が闘った厳島合戦の時、村上水軍は毛利元就軍に与《くみ》して、勝利に導き、爾来、この島は毛利氏によって村上水軍の領地とされた。

江戸時代になると、大島の村上水軍は毛利藩の御座船を管理・運行する御船手の組頭となって、毛利水軍を統率した。

幕末、幕府の長州征討の時起きた四境戦争の一つに、〝大島口の戦い〟がある。周防大島の各地で激しい戦闘が繰り広げられたが、とりわけ大島の中心地久賀の町は、上陸してきた幕府軍に焼き払われた。これに対抗して長州藩の高杉晋作は、自ら軍艦をひきいて大島に直行し奇襲攻撃をかけ、幕府軍を撃退した。大島口の戦いを契機に、幕府軍は総崩れをおこし、江戸幕府は滅びていくことになる。

このように度々歴史の檜舞台になった周防大島ではあるが、瀬戸内海の多くの島がそうであるように決して豊かな島ではない。イリコやイワシの漁と、ささやかな農業で、暮らしを紡いできたこの島に、享保年間（一七三〇年頃）、サツマイモが伝来し、慢性的な飢餓が克服されて、人口が爆発的に増えていく。百年後の天保年間（一八三〇年代）には、人口が約三倍の約六万人を越えたという。現在の人口は約二万人である。しかし大部分が森林で田畑の少ない大島で、この人口を養うことは難しく、農家の次男三男は島を出て働かなければならない〝出稼ぎの島〟となっていく。江戸時代から近代にかけて、周防大島の男達の出稼ぎは、石工や大工になって四国とりわけ土佐へ渡るというものであった。長州大工と呼ばれた彼らの仕事は精緻で、今でも土佐山中の村々に、実に多くの神社仏閣が残されている。時代が下ると、周防大島の出稼ぎは、太平洋を越えていく、ハワイ移民へ

本土側（大畠）から見る周防大島

と変わっていった。
一八八五年（明治18）サトウキビ栽培の人手不足に悩むハワイ政府の要望を受けて、日本政府は九四八人のハワイ移民の第一陣を送り出す。そのうちの約三割がここ周防大島の人であった。それから約四〇年間、「排日移民法」（一九二四年）が成立するまで、周防大島からは三九一四人が、そして日本全土からは約二二万人の人がハワイへ渡っていった。勤勉な彼らは、最初はサトウキビ畑で農奴のように働かされたが、次第に土地や市民権を獲得し、それを二世、三世へと伝えてハワイ住民の中核をなすようになる。
太平洋戦争に敗れ、自給自足の生活を

強いられる島の暮しは苦しくなった。それを救ったのは、ハワイから故郷の実家へ送られてきたお金と物品であった。外務省と海外移住協会の調査によると、昭和二〇年から三〇年までの一〇ヵ年で、ハワイから周防大島に送られてきた金品は、約一五億円にも達したという。この金額は同じ期間の周防大島のみかん生産額にほぼ匹敵しており、島を出た人々が故郷の暮しを救ったのである。

周防大島は移民の島として有名だが、実はその山口県を凌いで、ハワイ移民が最も多かったのは広島県である。余談になるが、広島女学院大学の調査によると、ハワイで通用している日本語は、広島弁であるという。

橋を通って周防大島へ渡り、すぐに右折し、海岸線を約四キロばかり走ると、かつて大畠駅とフェリーで結ばれていた小松港へ着く。ここから屋代川に沿って二キロほど遡った西屋代に、日本ハワイ移民資料館がある。この資料館はハワイで四〇年間働いて成功し、周防大島へ帰ってきた福元長右衛門氏が一九二七年（昭和3）に建てた大豪邸を利用したものだ。周防大島からハワイへ渡った人々の、苦難の歴史や生活が詳しく展示してある。また周防大島から渡った約三九〇〇人余の名前や経歴を、パソコンで検索できるシステムがある。ハワイで生きることを選んだ移民達ひとりひとりの生命の重さと輝きが伝わってくる。

周防大島出身で忘れてはならない人がいる。民俗学者・宮本常一《みやもとつねいち》（一九〇八〜一九八一）である。民俗学とは、権力によって正史として取り扱われている文献以外の、民衆の間に残されている民話や民具などを手がかりにして、民衆の生活や文化を研究する学問である。日本では岩手県遠野郷に入って、その地に伝わる天狗・河童・座敷童《ざしきわらし》等の民間伝承を、『遠野物語』として著した、柳田国男がその先駆けとされる。

宮本常一は、一九〇七年（明治40）山口県周防大島郡（現・周防大島町）大字西方字長崎に生まれた。宮本常一は、日本の民衆の生活の実態を追って、日本の隅々まで歩き回り、その距離は地球を四周する一六万キロにも達した。幕末、日本地図を作るために日本を歩き続けた伊能忠敬が歩いた距離の四倍にあたる。宿のない僻地や離島を行く旅なので、泊めてもらった民家だけでも一二〇〇軒余りに上り、寺社等の軒先での野宿も多かった。カバンにノートと写真機を入れ、腰に米を括《くく》り付けての旅であった。よく富山の薬売りと間違えられたと述懐している。こうして五〇巻にも渡る著作集と一〇万枚の写真を残した。

7　旅する巨人・宮本常一

周防大島生まれの民俗学者・宮本常一《みやもとつねいち》は、私のもっとも私淑する人物である。

宮本常一は、海辺の貧しい村の、その海のほとりの、貧しい百姓家の長男であった。宮本の生きた時代は、本土側の国鉄大畠駅から船で小松港に渡り、バスを乗り継いで実家に辿り着くまで、半日仕事だったという。今では車で大島大橋を渡り、島の北側の海岸線に沿って走る国道437号線を行けば、四〇分もかからない。今でも残る彼の生家の近くに、近頃「サザンセトとうわ」という道の駅が出来た。その道の駅のすこしばかり東に、周防大島文化交流センターも完成した。ここには宮本常一の蔵書二万点と、彼の著作、そして一〇万点に近い写真が収蔵されている。国道は広島湾に沿い、右手には果てしなく高くみかんの段々畑、左手にはエーゲ海のような美しい海が続く、格好のドライビングコースである。晴れた日には、宮島や倉橋島等々の広島湾に浮かぶ島々を、手にとるように眺めることが出来る。

宮本はそのふるさとのことを次のように描いている。

私の生れたのは瀬戸内海の島の一つである。周囲は二十六里あるといわれているが、屈曲の多い東西に長い島である。そして私の村はその北岸の深い入海になったところにあって、広島湾に面して家は石垣一つで海に接している。（『家郷の訓』岩波書店、一九八四年、一九九頁）

宮本は幼少時代の一六年間をここで暮した。父は農作業の合間に、家の近くにある白木山（三七四メートル）から見える伊予灘、安芸灘、周防灘に浮かぶ島々の人々の暮しむきや、そしてその向こうに見える四国や中国地方の町々の由緒について、息子に語り続けたという。その島々や町々を、その後宮本は、残すところなく歩き続けることになる。たしかに白木山から見る瀬戸の海は絶景である。また宮本の海に対する記憶も尋常ではなく、故郷の海をおどろくほどの鮮明な記録と観察力によって描いている。

たとえば暑い夏の日々がつづいていても、夜半とつぜん森がシウシウと音をたてはじめると、私はアオキタとよぶ秋をつげる風の出たことを知った。―中略― 海の荒れる前などは、波ひとつない静かな海に突然ドサリと波の音がする。やや間をおいて一つする。そういう波のうち方のする後は、きっと暴風雨になるのである。同じように静かな夜、ドサリドサリと規則正しく波のうちはじめる時は北風になる。北風であっても波の音がシャーッシャーッと何か物をすっているような時は、潮が干いて干潟の出ている時である。

（前掲書、二一八～二一九頁）

宮本常一の中を流れる血液の中に、風がそして波がしっかりと刻まれて、この美しい文章が生まれたのだ。海に囲まれて生きてきた私達日本人は、これほどまでに深く自然の中に抱かれて生きていたのであろう。だがこのような文章を書くことの出来る日本人は、もういないのではないだろうか。宮本常一そのものが〝忘れられた日本人〟になっているのかも知れない。

一五歳で小学校の高等科を卒業した宮本は、長男であったのであたりまえのように祖父、両親とともに農業を継いで働き始めた。他の同級生の男の子は次男三男だったので、つてを頼って木樵りになり、大工になるために島を出ていった。ところが翌年、利発な宮本に目をかけていた大阪の叔父の世話で、大阪に出て逓信講習所に入り無事講習を終了して郵便局員となることが出来た。向学心の強い宮本は、高麗橋郵便局員として仕事をしながら天王寺師範学校に学び、小学校の教師となる。このころ柳田国男の影響を受け、民俗学に傾倒するようになる。そして昭和一〇年二八歳の時、大阪民俗懇話会の席で、東京から来ていた渋沢敬三に出会う。この日から、宮本常一の人生は根刮《ねこそ》ぎ変わり、〝旅する巨人・宮本常一〟が生まれるのである。

渋沢敬三（一八九六〜一九六三）は、第一国立銀行を設立し、約五〇〇余の日本の巨大企業を興した日本資本主義の父と言われる渋沢栄一の孫である。渋沢敬三は、日銀総裁や大蔵大臣を歴任した財界人であり、一方では柳田国男と親交を結んだ民俗学者でもある。東京・三田の大邸宅の一部に民俗学の拠点となるアチックミューゼアム（屋根裏博物館）を開設する。後の日本常民文化研究所である。この渋沢の誘いを受けて、宮本は教師を辞めて上京し、アチックミューゼアムに入ることを決断する。そして渋沢の食客のようになって、民俗調査のために全国を歩き続けるという人生を始めるのである。渋沢は若き民俗学者の育成のために、莫大な資金を注ぎ込みその研究を支援した。

宮本常一のみならず、今西錦司、江上波夫、中根千枝、海棹忠夫、網野善彦等々、キラ星のような俊英を世に送り出していく。

さて、宮木常一が、東京・三田の渋沢邸を拠点に全国の離島、僻地を歩き始めたのは三二歳（昭和14）のことである。そして七三歳（昭和56）、胃癌で亡くなるまで、都を離れた鄙の地でひたむきに生きた無名の人のところに足を運び、膨大な聞き取りを残していくのである。

その不朽の名作が、『忘れられた日本人』である。忘れられた日本人の中でも、「梶田富五郎翁」と「土佐源氏」が最高傑作であろう。

対馬の南の果てに、浅藻《あざも》という海辺の集落がある。周防大島の漁師達が渡って行って三〇年間かけて作った村である。

浅い入り江の底の石を、人力で沖まで運び、その石で防波堤を作り、港を作り、漁村を作りあげたのである。その中心人物が、幕末・明治・大正・昭和を生きた梶田富五郎翁である。

梶田翁は、宮本が訪ねた六年後の昭和三一年八月ここで亡くなった。

「土佐源氏」は、梶田翁と同じ時代を生きた八〇歳の博労《ばくろう》が、最後に流れ着いた土佐の山中、檮原《ゆすはら》村の橋の下の乞食小屋で、自分の激しかった女遍歴を語る物語である。

8　宮本常一の話——そして熊毛の浦

美しい景色や歴史的な社寺や豊かな温泉を求めていく観光地への旅も楽しい。そうした旅の仕方のほかにもう一つ、それとない旅もある。散歩とか散策とか逍遥といわれるものだ。国木田独歩の『武蔵野』は、そういう歩き方を教えてくれたすぐれた書物だ。その武蔵野は都市化の中に消えていまはない。——中略——

山はそれほど高くなく、谷もそれほど深いものはない。どこまでいってもおなじように人が住み、おなじような暮しをたてている。そして特別に変わった世界ではないのだが、いちど訪ねると、また訪ねてゆきたいような物恋しさをおぼえる。

この文章は、宮本常一の「散策の提唱」という文章を私が要約したものだ。この文章は次のように続く。

そうした中にあって、私のとくに心をひかれているのは、広島県神石郡豊松村というところである。―中略― 青くすんだ空。あざやかな山の姿、すべてが清潔な感じにみちている。そこにつつましく生きた人たちの歴史もまたさわやかなものであったことを、そこにのこる文化は物語る。(『宮本常一とあるいた昭和の日本4』農山漁村文化協会、「豊松」より)

宮本の多くの著作に目を通してきたが、この文章に遭遇した時の私の喜びは、格別であった。北海道から沖縄、八重山の離島や中山間地域を歩き続けた〝旅する巨人〟が、神石郡豊松村(現・神石高原町)を、このように評価してくれていたのだ。この時から、私は豊松に行って、宮本の歩いた跡を歩くようになった。宮本は成羽川にダムが計画され、水没し失われそうになった民俗遺産の調査のために、昭和二八年初めて豊松に入った。爾来何度も豊松に入り、多くの村人から豊松の暮しを徹底して聞き取り、書き残している。とりわけ早田《わさだ》の荒神祭に深く心を魅かれたようだ。聞き取りの後は、いつものように村人が持ち寄ってきた豊松の田舎料理を肴にした酒盛りとなる。宮本はコンニャクの料理が、いたく気にいったようである。

豊松のみならず宮本は日本中を歩き続けた。「宮本君の歩いた所へ赤い印をつけると、日本地図はまっ赤になってしまう。」といったのは宮本の師、渋沢敬三である。県内では世羅郡大見村（現・世羅町）と、家船《えぶね》で有名な三原市幸崎《さいざき》の能地《のうぢ》には深く入り込み、村の歴史とくらしを具さに聞き取っている。

宮本常一は、懐旧の情に衝き動かされて〝忘れられた日本人〟を探し求めて歩いたロマンチストではない。農村や漁村の生活を知り尽くすことによって、そこに住む人々の暮らしを少しでも向上させたいという志を持つ、徹底した現実主義者である。一〇年、二〇年、三〇年と同じ村に通い続けて、山林にはその風土に合う植林を、田畑には蔬菜《そさい》や穀物を、漁村にはその海に最も適した船や網を使う漁業法を提案し続けている。

こうした渋沢や宮本らの動きが、「離島振興法」（昭和28）の成立に繋がり、政治によって僻地の貧しい離島の振興が図られるようになる。宮本がもっともよく足を運んだのが、梶田富五郎翁と出会った対馬である。その対馬だけでも、法制定以降から現在まで約一兆円の税金が投ぜられている。訪問するたびに、島を貫く大きな道路と、コンクリートで固められていく新しい港が出来ているのを見て、「人々の海の暮らしは豊かになっていかないなあ」と宮本は嘆いたという。僻地の村々が消滅するとそこで育まれた様々な文化が廃れていき、終にはその国の文化が亡びていくと、宮本は思っていた。しかし宮本達が制定にこぎつけた「離島振興法」は、村の生産性の向上よりも土木工事を優先する政治家と役人に食い潰されていったようだ。だから相変らず対馬の人口減少には歯止めがかからず、また漁業に携わる人も減り続けている。整備された多くの漁港が遊休地となり、廃船となった古い船が放置され、人の姿はない。

国の姿は人間の体と一緒で、末端の小さな村が壊死すれば、近いうちに必ずその本体は滅びていくと、私は思っている。

大島の鳴門を越えた後、周防大島を左手に、熊毛半島を右手に見ながら南下した遣新羅使の船は、半島の最南端まで進み、ここで西に舵を切り、半島の南西にある長島との間の海峡を越えて、その日のうちに熊毛の浦に入ったと『万葉集』には記録されている。

その〝熊毛の浦〟が、一体どこの浦(湊)をさすのか、今でも諸説あってよく分からないが、熊毛郡上関町の室津《むろつ》だとするのが無理がないようだ。他にも熊毛郡平生《ひらお》町の小郡《おぐに》から尾国《おぐに》にかけての入江であるとか、光市の室積《むろづみ》港だとする学者もいる。

JR柳井駅から熊毛半島の西側の海岸線を行く県道を通って、半島の南端・室津(現・上関町)を目指す。県道は徹底してコンクリートで塗り固められているが、平生町の小郡から尾国にかけての海岸は、かつて鶴が多く飛来する湿原であったといわれている。右手の周防灘に浮かぶ馬島《うましま》、刎島《はねしま》、佐合島《さごうじま》、長島《ながしま》の多島美が心を和ませる。馬島は、平安時代から馬の放牧地であった。

四〇分余り走ると、室津の古ぼけた小さな街並に入った。室津は対岸の上関とともに、

上関大橋と海峡（上関から見る室津）

江戸時代になると周防灘で最も栄えた港町となり、萩藩の直轄地とされ、肥後屋という本陣が置かれていた。北前船等の多くの船が出入りし、船問屋、商家、遊女屋等、四六〇軒の家が密集していた。

海を隔てたすぐ対岸に、上関の街並が見える。本土側の室津と、長島の入口にある上関は、昭和四四年に、上関大橋が架かって結ばれた。室津と上関と合わせて、今は上関町である。一〇〇メートル余りの狭い海峡を多くの機帆船が往き来する。大島の鳴門と同じように、渦潮が起こるほどの急流である。

橋の上に立つと、西の周防灘から台風のような風が吹きつけてくる。周防灘は、瀬戸内海でも一番風の激しい所で、古代の船はこの海でよく遭難した。今回の（七三六年）遣新羅使もここで遭難することになる。

9　熊毛の浦物語（室津と上関）

七三六年（天平8）の夏六月一日の朝、上げ潮に乗って難波津を出た遣新羅使は、おそらくその月九日の夕、熊毛の浦（山口県熊毛郡上関町）に着いたものと考えられる。彼らの残した一四五首の歌に詠み込まれた〝月〟の形によって、彼らの旅程を私が勝手に推測したものである。

前述したようにその熊毛の浦のはっきりした場所は今でも分からないが、上関町室津（もしくは対岸の上関）にするのが無理がないようだ。熊毛半島の南端に位置する室津の湊は、その後背に東から吹きつける風を遮る皇座山《おおざやま》（五二七メートル）があり、正面には上関の街を背後から抱きかかえて西風を寄せつけない上盛山《かみさかい》（三一五メートル）が向かいあっている。上盛山からは、晴れた日には、周防灘の向こうに九州を望むことが出来る。周防灘にはそれほど島がなく、九州も近いのだ。熊毛の浦といわれる室津や上関は、東からの伊予灘の波風と、西からの周防灘の強風を避けることが出来る、波静かな絶好の風待ち、潮待ちの港であった。
瀬戸内海のいくつもの難所を越えて、なんとか無事に熊毛の浦に辿り着いた一行は、ここで四首の歌を残している。そのうちの二首を紹介しよう。

都辺《みやこへ》に
行かむ船もが
刈薦《かりこも》の
乱れて思ふ
言告《ことつ》げやらむ

（三六四〇）

〈訳〉
都の方へ行く船があればいいなあ。そうしたらこんなにあなたを思って恋ひ慕っていることを、伝言するのに。
〈注〉「刈薦の」は乱れにかかる枕詞。刈ったコモは乱れ易いから。

沖辺より

潮満ち来らし
可良《から》の浦に
あさりする鶴《たづ》
鳴きて騒きぬ

（三六四二）

〈訳〉
沖の辺りから潮が満ちて来るらしい。可良の浦に餌を求める鶴が鳴いて騒いでいる。
（注）可良の浦…いまだに特定出来ない地名だが、熊毛郡平生町の尾国のあたりだろうと言われている。かつては湿原であったといわれ、多くの鶴が飛来したという。

遣新羅使の歌には、帝の使命をおびたこの度の使節をなんとしてでも成功させようという使命感が薄い。むしろ西へ進めば進むほど、望都と妻恋の思いが強くなっていく。使節が予感していたように、七三六年のこの使節には悲劇的な結末が待っていた。それはまた後で詳しく説明したい。『万葉集』には大島の鳴門を通過した後、次の港で再宿したと記されているので、遣新羅使一行は、熊毛の浦で二泊したのだろう。
熊毛の浦だとされる、室津、上関の歴史について少しだけ触れておこう。

二つの港は中世から近世にかけて、天然の良港として都と九州、大陸を結ぶ海上交通の要衝として栄えた。

江戸時代になると、室津には長州藩の本陣をつとめる肥後屋があった。屋号が示すようにもともと肥後（熊本）の細川の家臣であったが、室津に移住してきて、造り酒屋を営み、織物等を交易する商人となって巨万の富を蓄積し、室津の町を仕切る庄屋となったといわれている。

幕末には当主吉崎直祐《なおすけ》と親交のあった、吉田松陰、高杉晋作、久坂玄瑞、桂小五郎らが、幕府に追われるようになると、ここに身を寄せ、かりずまいとしたこともある。その繋りで、七卿落ち（一八六三年）の時、京から長州藩に逃れてきた三条《さんじょう》実美らの宿になったことでも有名である。

しかし今は、往時の広大な建物はなく、肥後屋のあった中央公民館の前に、「五卿の宿・肥後屋跡」という石碑が残されているだけである。一方対岸の上関は、平安時代には竈戸《かまど》関と呼ばれていたが、室町時代になる上関《かみのせき》と呼ばれるようになり、赤間関《あかまがせき》（現・下関市）、中関《なかのせき》（現・防府市）とともに周防灘の三海関に数えられるほど、周防国（山口県）を代表する港として発展していく。

江戸時代になると長州藩は、室津に本陣を置き、上関《かみのせき》には御茶屋を置いた。御茶屋は、

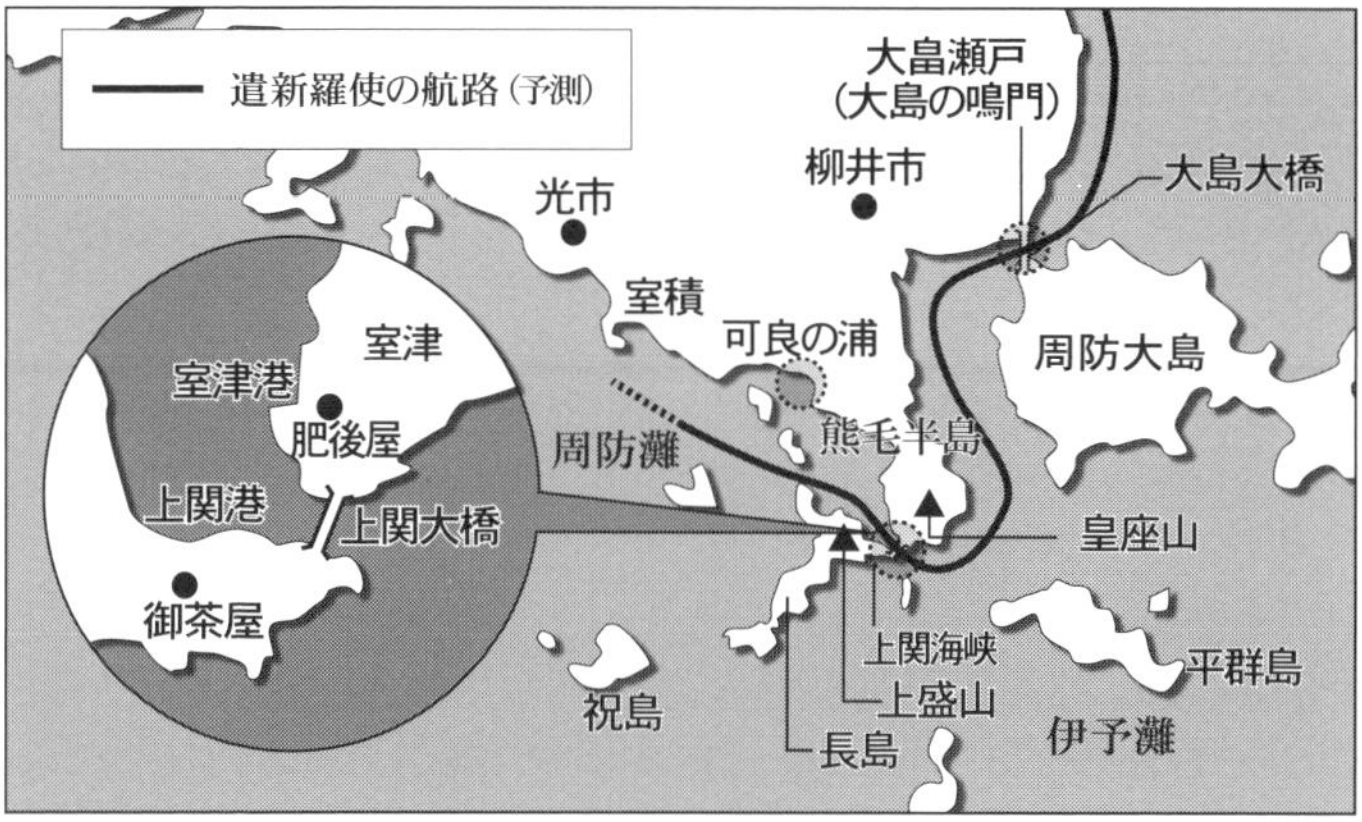

熊毛半島周辺図

藩主の国内巡視や、九州の諸大名の参勤交代や朝鮮通信使の宿として使われている豪奢な宿舎で、総面積は約三〇〇〇坪もあったという。上関の港から、人がやっとすれちがうほどの細い道を上っていくと、眼下に海を見下ろすことの出来る広いグランド跡に出る。ここにはごく最近まで、熊毛南高校の上関分校があった。この広い土地が御茶屋の跡で、今は高い石垣だけが残されている。

上関の街並には、江戸時代栄華を誇った豪商達の屋敷やそれに関係する建物がところどころに残ってはいるが、今は廃《すた》れた街のようになり、人の影さえ見ることが少ない。北前船が出入りする頃は、室津と上関で約六〇〇〇人余りが住んでいたという。山陽道屈指の神辺宿の人口が二〇〇〇人余りだった頃である。明治になって国鉄山陽線が出来、流通革命が起こり、海の道は衰微し、鞆や御手洗、鹿老渡とともにこの街は歴史の闇に消えていった。今、上関に約一〇〇〇人、室津にも約一〇〇〇の人がひっそりと暮している。

10　熊毛の浦と祝島…そして難破

遣新羅使が船泊《ふなは》てしたといわれる上関は、熊毛半島室津港のすぐ西に浮かぶ前島の入口にある。その前島の西に浮かぶ周囲一二キロの小さな島、祝島《いわい》を抜けると、九州に至るまで周防灘には、ほとんど島がない。

なぜこの島に祝島という名が付いたのだろう。〝祝《いわい》〟というは〝斎《いわい》〟という言葉と重なり、〝斎い〟はとりわけ、幸福や安全を求めて呪術を行い、その人のために自らの身を清めることをいう。伊勢神宮に奉仕する〝斎宮〟も天皇の代わりに未婚の皇女が派遣され、そこで身をきよめて神にお仕えすることをいう。さていよいよこれから危険な周防灘に漕ぎ出す船乗り達が、自らと家に残した家人を思って旅の安全を祝う（＝斎《いわ》う）気持ちになるのは、昔からの人の情であろう。

難波津を出て祝島までは、実に多くの瀬戸の島々に守られて、「八十島隠《やそじまかく》り」で安全にやって来ることが出来た。しかし周防灘に入ると、外海の玄界灘のように荒れるので、い

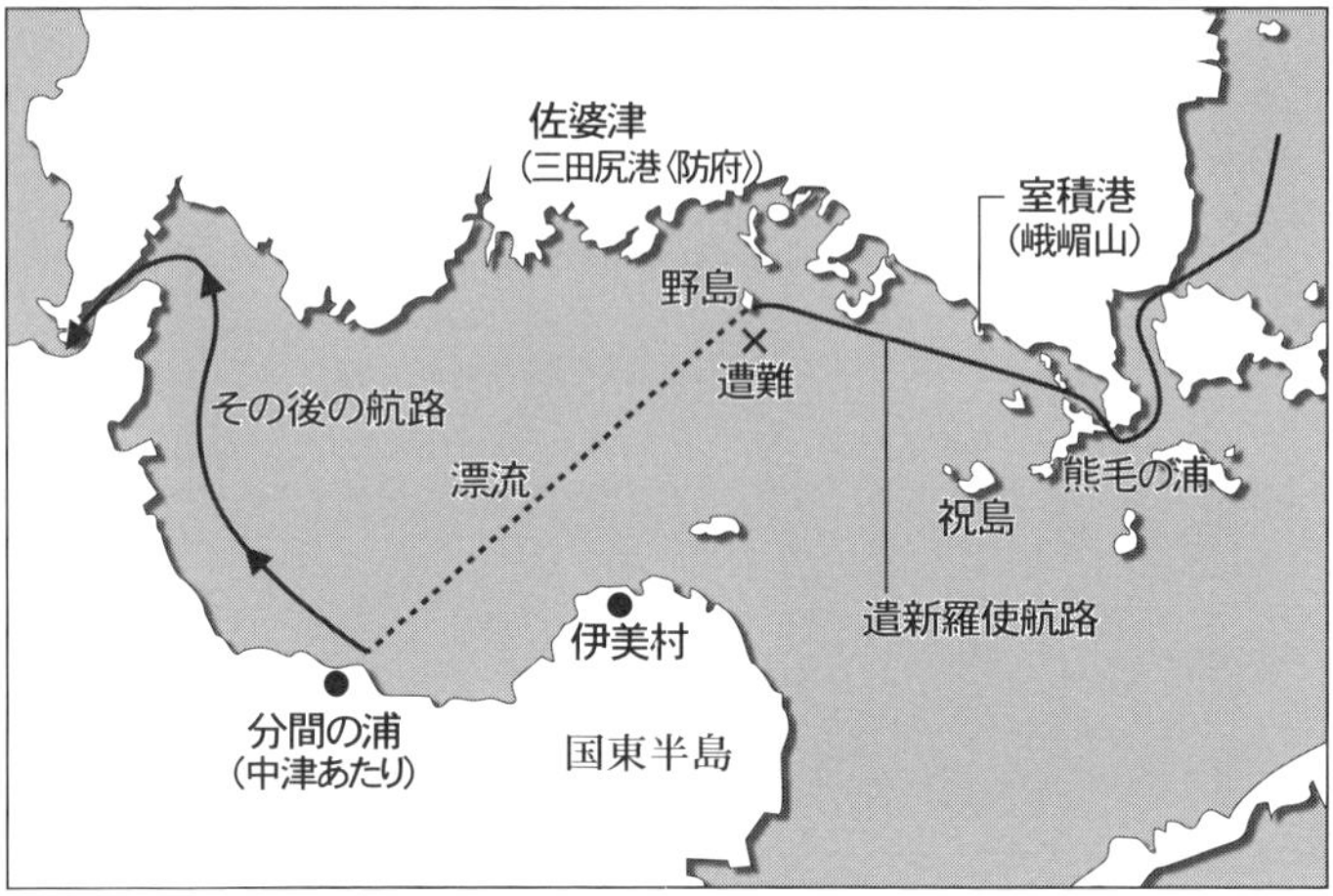

周防海

つしかこの島で斎いをするようになり〝祝島〟の名が生まれたのであろう。笠岡諸島の〝大飛島〟や、玄界灘の孤島〝沖ノ島〟は、大陸との往来の安全を願う〝斎う〟島であった。

豪胆だと思われる海の男たちでさえ、荒波に身をまかす航海に出る時は、欧米ではマリア像や、日本では観音様等を船や身に纏うことが多い。

この度の遣新羅使は、朝、熊毛の浦（室津・上関）を出て、地乗り航路で周防の国の沿岸部を通って、室積浦《むろづみ》（光市）から佐《さ》婆《ば》津《っ》（防府市）に向かった。だから祝島には寄港していないが、南の沖に浮かぶ祝島を見て、即興的に次の二首を詠んでいる。

家人《いへびと》は
帰り早来《こ》と
いはひ島《しま》
斎《いは》ひ待つらむ
旅行くわれを
（三六三六）

〈訳〉
都の妻は、早く帰って来いと、今ごろは潔斎して待っているであろう。いよいよ危険な周防灘に漕ぎ出していく私のことを思って。

草枕
旅行く人を
いはひ島
幾代経るまで
斎ひ来《き》にけむ
（三六三七）

旅する人々を、この祝島はその名の通り幾代を経ての長い間、斎いつづけて来たことであろうか。

〈訳〉

祝島は、光市から南方一五キロの洋上にあり、便は少ないが室積港や柳井港から高速艇も出ている。もし本土から祝島を眺めるならば、周防灘に突き出した室積半島の名所峨嵋山（一一七メートル）から見るのがお勧めで、まさに名伏しがたい絶景である。

古代から祝島は〝斎い〟の島であったので、多くの神事が継承されている。中でも有名なのが、四年ごとの旧暦の八月に行われる〝神舞《かんまい》神事〟で大分県国東市伊美から、美しい衣裳で身を飾った神主、社人を迎え、各地で神楽が奉納される。この交流は八八六年（仁和2）、伊美村の一行が京都・石清水八幡宮の分霊を勧請しての帰途、祝島付近で遭難し、島の人に助けられたことから始まったという。

祝島は、神の島であると同時に、豊かな海産物と柑橘類に恵まれた島である。近代に入って物流のシステムが変わり、漁業も農業も次第に衰微し、忘れられた島になった。その祝島を、揺るがす出来事が起こる。一九八二年、中国電力が隣の長島の四代に〝上関原発〟を建設することを決めたのである。祝島はこの予定地から四キロしか離れておらず一二四六人の島民をあげての反対運動が起こった。しかしこの運動も切り崩され、村人の対立が生まれ、古代から続いた神舞神事を中止しなければならない哀しい事態が生じた。

多くの島民を翻弄したこの出来事から、すでに三〇年の年月が流れた。そして東日本大震災で、この国の原発安全神話も崩壊した。国の原発政策のゆらぎの中で、祝島の人々の苦しみは今でも続いている。政治からとり残され、壊死しそうな忘れられた村には、時の為政者から、美しい包装紙に包まれた、村の未来を不幸にする劇薬を含んだ贈物が届けられることが多い。

熊毛の浦で二泊した遣新羅使の一行は、前述したように私見では旧暦六月一一日の朝、下げ潮に乗って次の船泊りの地、佐婆津《さばつ》（防府市三田尻港あたり）を目指したと思われる。左手に祝島を見た後は西へ真っ直ぐに、四〇キロほどの航海である。ところが下松市沖の、笠戸島を越したあたりから天候が一変し、今の新南陽市の沖にある、野島の定兼鼻あたりで激しい暴風雨に遭遇し、船を制御することが出来なくなり、遂に難破する。目的地の佐婆津までは、あと僅か一〇キロの海の中である。

『万葉集』にはその時のことが、次のように記されている。


佐婆の海中《わたなか》に忽ちに逆風に遭ひ、張浪《ちやうらう》に漂流す。経宿して後、幸に順風を得て、豊前国下毛《ぶぜんのくにしもつけ》の郡《こおり》の分間《わくま》の浦に到り着きき。

（注）分間の浦は現在の大分県中津市の田尻あたり等、諸説がある。

遣新羅使は、早速周防灘の恐ろしさの洗礼を受けることになったのである。

11　分間の浦

この年の遣新羅使の出発は、朝廷の準備等様々なことに手間取り、台風シーズンに入ってからの危険な渡海となってしまった。そして熊毛の浦から佐婆津（防府）へ向かう途中三〇キロ西行した地点で、前述した事故に巻きこまれることになった。

巻十五・三六四四の題詞を簡単に訳しておこう。

〈訳〉

佐婆の沖までやってくると急に激しい浪に会い、船は周防の海に漂流を始めた。ところが一晩なんとか我慢し耐えると、幸せなことに船が順風に押されて、豊前の国下野《しもつけ》郡の分間《わくま》の浦に流れついた。

この恐ろしい経験を胸に刻み、いたみ悲しんで次の歌八首を詠み残している。

大君《おおきみ》の命《みこと》かしこみ大船の行きのまにまに宿りするかも

（三六四四）

〈訳〉

大君の仰せを承って、大船の進み行くのに任せて仮寝の宿りをすることだ。

我妹子《わぎもこ》ははやも来《こ》ぬかと待つらむを沖にや住まむ家付《いへづ》かずして

（三六四五）

〈訳〉

わが妻は、早く帰って来ないかと待っているだろうに、こうして海上にとどまっていることか。家に近づくこともなく。

浦廻《うらみ》より漕ぎ来《こ》し船を風早み沖つみ浦に宿りするかも

（三六四六）

〈訳〉

岸に沿って漕いで来た船であるが、風が烈しいので、浦にやどれず、沖の浦にやどりすることだ。

我妹子がいかに思へかぬばたまの一夜《ひとよ》も落ちず夢《いめ》にし見ゆる

（三六四七）

〈訳〉

我が妻が私をどんなに思っているからなのだろうか。一夜も欠けずに私の夢に見えるとは。

海原《うなばら》の沖辺《おきへ》に灯《とも》し漁《いざ》る火は明して灯《とも》せ大和島《やまとしま》見ゆ

（三六四八）

〈訳〉

海原の沖の辺りに灯して漁をする火はもっと明るく灯せ。大和の山々を見よう。

鴨じもの浮寝をすれば蜷《みな》の腸《わた》か黒き髪に露そ置きにける

（三六四九）

〈訳〉

鴨のように浮寝をしていると、黒い髪に露がしっとり降りている。

ひさかたの天照《あまて》る月は見つれども我《あ》が思《も》ふ妹《いも》に逢はぬころかも
（三六五〇）

〈訳〉
大空に照る月は見たけれども、私が思う妻には逢えないこの頃であるよ。

ぬばたまの夜《よ》渡る月ははやも出でぬかも海原の八十島《やそしま》の上ゆ妹があたり見む
（三六五一）

〈訳〉
夜空を渡って行く月は、早く出てくれないものか。出たら、海の多くの島々の上から妻のいるあたりを見ように。

周防を無事越してきた安心感がどの歌にも潜んでいる。
分間の浦は、今でも中津周辺のどこをさすか分からない。

初出一覧

大陽新聞

1	瀬戸内海と地中海	二〇一一／一二／一六
2	運ばれた巨木と巨石	二〇一二／一／一三
3	遣新羅使のこと	二〇一二／一／二七
4	新羅への旅立ち	二〇一二／二／一〇
5	難波津を出航する	二〇一二／二／二四
6	難波津から家島へ	二〇一二／三／九
7	印南都麻から玉の浦へ	二〇一二／三／二三
8	吉備穴海（児島湾）を行く	二〇一二／四／一三
9	玉の浦と玉島の海	二〇一二／四／二七
10	玉島物語—そして神島へ	二〇一二／五／一一
11	神島はカシマ、いやコウノシマ	二〇一二／六／八
12	神島の磯廻の浦（1）	二〇一二／六／二二
13	神島の磯廻の浦（2）	二〇一二／七／六
14	遣唐使のこと（1）	二〇一二／七／二七
15	遣唐使のこと（2）	二〇一二／八／一〇
16	遣唐使のこと（3）	二〇一二／九／一四

17 遣唐使のこと（4） 二〇一二／九／二八
18 遣唐使のこと（5） 二〇一二／一〇／一二
19 遣唐使のこと（6） 二〇一二／一〇／二六
20 神島から鞆の浦へ 二〇一二／一一／二三
21 鞆物語―むろの木の話（1） 二〇一二／一二／一四
22 鞆物語―むろの木の話（2） 二〇一二／一二／二八
23 鞆物語―鞆ゆかりの人々（古代） 二〇一三／一／二五
24 鞆物語―鞆ゆかりの人々（中世・1） 二〇一三／二／八
25 鞆物語―鞆ゆかりの人々（中世・2） 二〇一三／二／二二
26 鞆物語―鞆ゆかりの人々（中世・3） 二〇一三／三／八
27 鞆物語―鞆ゆかりの人々（中世・4） 二〇一三／三／二二
28 鞆物語―鞆ゆかりの人々（近世・1） 二〇一三／四／一二
29 鞆物語―鞆ゆかりの人々（近世・2） 二〇一三／四／二六
30 鞆物語―鞆ゆかりの人々（近世・3） 二〇一三／五／一〇
31 鞆物語―鞆ゆかりの人々（近世・4） 二〇一三／五／二四
32 鞆物語―鞆ゆかりの人々（近世・5） 二〇一三／六／一四
33 鞆物語―鞆ゆかりの人々（近世・6） 二〇一三／七／一二
34 鞆から長井の浦へ 二〇一三／七／二六
35 長井の浦と糸碕神社 二〇一三／八／九
36 長井の浦から風早の浦へ 二〇一三／八／三〇
37 風早物語 二〇一三／九／一三

38　海の記憶（1）　二〇一三／一〇／四
39　海の記憶（2）　二〇一三／一〇／一八
40　海の記憶（3）　二〇一三／一一／一
41　海の記憶（4）　二〇一三／一一／一五
42　風早の浦から長門の浦へ　二〇一四／一／二四
43　倉橋島物語（1）　二〇一四／二／七
44　倉橋島物語（2）　二〇一四／二／二一
45　長門の浦から麻里布の浦へ　二〇一四／三／七
46　麻里布の浦の物語　二〇一四／三／二一
47　岩国物語　二〇一四／四／四
48　麻里布の浦から大島の鳴門へ　二〇一四／四／一八
49　大島の鳴門　二〇一四／五／二
50　周防大島（屋代島）物語　二〇一四／六／六
51　旅する巨人・宮本常一　二〇一四／七／四
52　宮本常一の話―そして熊毛の浦　二〇一四／七／一八
53　熊毛の浦物語（室津と上関）　二〇一四／八／一
54　熊毛の浦と祝島…そして難破　二〇一四／八／二九
55　分間の浦　二〇一四／九（執筆）

おわりに

周防灘で暴風雨に巻き込まれ、遣新羅使一行が難破したところで、杉原さんの原稿は終わっている。この最後の文章を「大陽新聞」の編集者に届けた後に杉原さんの病は重篤化し、意識が混濁し黄泉の浜辺に〝漂着〟したのである。

遣新羅使一行は船団を建直して壱岐・対馬を経て新羅に到着するものの、新羅王との謁見は叶わなかった。謁見拒否の理由は、唐帝国皇帝謁見の席順を巡って日本と新羅の国家としての格の上下を巡る争いであった。隣国との葛藤と軋轢は一三〇〇年経った今でも不変である。「歴史を教訓にする」と称しながら、歴史から何も学んでこなかったのが我々隣国間の歴史である。この事実を銘記しておきたい。

遣新羅使の悲劇はさらに続く。航海中に、大使、副使をはじめとする官僚や水主が次々に疫病（天然痘）に罹り、「水屍《みずくかばね》」となって玄界灘に葬られていったのである。

このたび、本書の刊行に関わったのは、「出版のことは田渕に相談するように」という遺言があったと間接的に聞かされたからである。私は二〇一一年四月に福山市立大学に着任し、翌年、「教員免許状更新講習」を立ち上げた。備後地域の先生方にエールを送りたいと考えたからである。浅学菲才ではあるが、必修科目だけではなく、選択科目も担当した。その選択科目が杉原さんとタッグを組んだ「世界遺産と地域の文化遺産を切り口にした教育」である。備後地域の歴史や文学に触れた彼の講義は非常に奥深いものであった。

また、二〇一三年、二〇一四年の五月には本学三年生の「社会科指導法」で、「備後の歴史と文化」と題する講義をしてもらった。「卒業後は、『今度はどんな先生が来るかな』と期待に目を輝かせている子どもたちが教育現場で待っていますよ。その輝いた目に応える先生になってください」というのが杉原さんのメッセージであった。学生たちが感銘を受けたことは言うまでもない。「教員免許状更新講習」についても、引き続き協力をお願いした。けれども、二〇一四年の八月には癌でやせ、点滴を受けながら講義を終えて、病院から採点表を持参してくれた。訃報が届いたのは、その二週間後である。

「この講習を終えるまでは死ねない」ということばを奥様から聞き、「講義の準備が彼の命を削ったのか」と後悔にさいなまされた。受講者のアンケートでは満足度が非常に高かった。彼の〝絶唱〟だったからだろう。いや、すべての人々への〝絶唱〟でもあったと思う。

最後に読者へのお詫びと編集者をはじめとする方々に感謝を申し述べたい。本書は「未完」であり、本来ならば参考文献として、著者・書名・出版社・発行年・引用ページなどを銘記すべきである。けれども、既に鬼籍に入った杉原さんに訊きだす術もなくなってしまった。前著『文学歴史紀行・銀の道ものがたり――石見銀山から尾道へ――』の巻末に膨大な参考文献が記されているが、本書もそのような文献に支えられていることはまちがいない。

幸いにも盈進中高等学校、現代教育研究所の同僚であった杉川美幸さんが、福山市中央図書館や各地の郷土資料館などに足を運び、本文と突合せながら参考文献を確定してくださった。けれども掲載された文献以外、杉原さんは膨大な文献を読破して、資料収集を行っている。そのような詳細な資料の出典は杉原さん以外には記すことが不可能であり、出典不明な部分があることを海容していただきたい。

次にお礼であるが、感謝したい第一の人は、杉川美幸さんである。掲載された写真の多くは、杉川さんが現地に足を延ばして再撮影したものである。また、参考文献の書名、出版社名、出版年などの確認と掲載資料の使用許可などの諸手続きも行ってくれた。「是非とも本書を刊行したい！」という執念に燃えた杉川さんの尽力がなければ、本書の出版は不可能であった。あらためて深甚の感謝の念を申し述べたい。

感謝したい第二の人は、溪水社社長の木村逸司氏である。杉原さんの原稿に目を通して彼の圧倒的な筆力を認め、即座に刊行を決断してくれた慧眼に敬意を表したい。

感謝したい第三の人は、一点一画も疎かにせず、精緻な編集作業を担ってくれた編集者の西岡真奈美さんである。西岡さんの編集上の示唆で文章に統一性が保たれ、平仄も整うことができた。このように、すべての人々の協力が合わさって本書が上梓されたのである。

杉原耕治という器の大きな人物が、瀬戸内沿岸部に住む人々のために、歴史と文学という立体感を持った〝綾〟で覆った〝知の地平〟に触れていただければ、泉下の杉原さんも微笑むことだろう。

二〇一五年一一月吉日

田渕　五十生

参考文献

参考にした文献は、基本的には文中で引用したすぐ後に記載している。それ以外の主なものを挙げておこう。

『萬葉集と遣新羅船　神島の磯廻の浦』　清水久人
『鞆の天木香樹のなぞ　大伴旅人の万葉花』　清水久人　笠間書院
『道の万葉集』　高岡市万葉歴史館
『「海の道」の三〇〇年　近現代日本の縮図瀬戸内海』　武田尚子　河出書房新社
『マニラへ渡った瀬戸内漁民』　武田尚子　御茶の水書房
『風景の変遷―瀬戸内海』　柳　哲雄　創風社
『万葉の歌―人と風土―⑩中国・四国』　下田　忠　保育社
『瀬戸内の万葉』　下田　忠　桜楓社
『万葉の旅　㊦』　犬養　孝　社会思想社
『私の日本地図⑥　瀬戸内海Ⅱ芸予の海』　宮本常一　未來社

『宮本常一著作集　50　渋沢敬三』　宮本常一　未來社
『宮本常一とあるいた昭和の日本4　中国四国①』　農山漁村文化協会
『宮本常一とあるいた昭和の日本5　中国四国②』　農山漁村文化協会
『宮本常一著作集　20』　宮本常一　未來社
『歴史紀行瀬戸内水軍』　森本　繁　新人物往来社
『遣唐使の光芒　東アジアの歴史の使者』　森　公章　角川学芸出版
『律令国家と東アジア』　（編）荒野泰典・石井正敏　村井章介　吉川弘文館
『遣唐使阿倍仲麻呂の夢』　上野　誠　角川学芸出版
『北前船の近代史―海の豪商たちが遺したもの―』　中西　進　成山堂書店
『神島史誌』　神島協議会
『内海町誌』　内海町
『牛窓町史』　牛窓町
『山口県史』　山口県
『広島県史』　広島県
『呉市史』　呉市役所
『三原市史』　三原市役所
『竹原市史』　竹原市役所
『瀬戸内海事典』　南々社

『安国寺恵瓊』　河合正治　吉川弘文館
『広島の歴史の焦点　上』　中国新聞社
『歴史散歩　鞆の浦今昔』　山陽新聞社
『万葉集と新羅』　梶川信行　翰林書房
『万葉集全講』　明治書院
『新日本古典文学大系』　岩波書店
『極東の頗羅夷曾《パライソ》　江戸学事始』　杉原耕治　現代教育研究所

著者プロフィール

杉原 耕治（すぎはら　こうじ）

1945年、広島県世羅郡甲山町生まれ。同県、盈進学園へ30年間勤務。盈進学園高校教頭・中学校校長、香川県・寒川高校校長を歴任。専門は国語教育。「低学力」と「非行」の研究と、その克服のための実践に全力を傾注。その取り組みが評価され、読売教育賞を２回受賞した。

1988年には、ライフワークである“荒れ”と“いじめ”の克服を目指して福山市内に「現代教育研究所」を設立。代表となり、同じ志を持つ全国の仲間とネットワークを作り活動した。

おもな著書

『寒の虹』

『やっぱり学校ってすばらしい』

『学校再生アンソロジー　～ある私学の挑戦～』

『木綿橋からもういちど　病む現代を照射する江戸の暮らしと教育』

『極東の頗羅夷曾《パライソ》　江戸学事始』

『忘れられた街道をたずねて—福山歴史文学紀行—』

『文学歴史紀行　銀の道ものがたり　石見銀山から尾道へ』

海の道——瀬戸内海——

平成27年11月22日　発行

著　者　杉　原　耕　治

発行所　株式会社　溪水社

広島市中区小町1-4（〒730-0041）

電　話（082）246-7909／FAX（082）246-7876

E-mail：info@keisui.co.jp

印刷・製本　株式会社 平河工業社

ISBN978-4-86327-308-5　C1021